살아남은 여자들은
세계를 만든다

분단의 나라에서
여성으로 산다는 것

살아남은

김성경 지음

여자들은

분단의 나라에서
여성으로 산다는 것

세계를
만든다

창비
Changbi Publishers

일러두기

- 이 책에 등장하는 사람들의 개인정보 보호를 위해 가명을 사용했다. 모든 내용은 저
자의 연구와 심층 인터뷰를 바탕으로 하고 있지만 구체적인 사항은 사실관계가 왜곡
되지 않는 선에서 재구성했다.
- 이 책에서는 조선민주주의인민공화국이 자신들을 지칭하는 개념으로 쓰고 있는 북
조선으로 용어를 통일했다. 가능하면 그들이 공식적으로 자신들을 지칭하는 용어로
불러주는 것이 적절한 표기법이라고 생각하기 때문이다. 따라서 북조선에서 사용하
는 일부 고유명사 역시 북조선식으로 표기했다.

들어가며

나는 군부대 근처에서 자랐다. 정확하게 말하면 군인에게 제공되는 아파트나 관사 같은 곳에서 태어나 자랐으니 부대 안에서지냈다고 해도 될 듯하다. 아버지가 군인이었다. 사진 속 어린 나는 전투기와 탱크 앞에서 군복 입은 아버지의 품에 안겨 밝게 웃고 있었다. 젊은 아버지는 어린 딸에게 자신이 생각하기에 가장멋진 것을 보여주고 싶었던 듯했다. 아버지는 새벽에 출근했다가늦게 들어오는 일이 잦았고, 때때로 훈련을 나가면 일주일 내내 집에 들어오지 않기도 했다. 말이 없고 무뚝뚝했던 아버지가무서웠던 어린 나는 아버지의 부재를 반기곤 했다. 그때마다 어머니는 아버지가 "비상이 걸려서" 집에 들어오지 못한다고 했다.

돌이켜보면 나는 일상에서 너무나 많은 군대 용어를 쓰고 들으며 컸다. '전방' '한미연합훈련' '유격' '사열' '내무반' '점호' '방공호' '북괴' '도발' 같은 단어가 밥상머리에서도 아무렇지 않게 나왔다. 군인 가족이라는 특성상 마치 우리 자신들도 군에 있는 것과 같은 일상을 보낼 수밖에 없었다. 게다가 아버지가 북조선과 가까운 군부대에 배치되면 온 가족도 자연스럽게 접경지역으로 이주해야 했다. 군부대와 군부대에 기대 사는 몇몇 상점, 길을 오가는 지프차와 트럭, 위장천이 덧대어진 조악한 건물 들이 일반적인 정경이었던 접경지역에서는 전쟁 상태와 같은 일상이 반복되기도 했다. 남북 사이의 충돌 가능성이 상존한 까닭이지만 군부대 내에서 크고 작은 사건과 사고가 끊이지 않았기 때문이다.

어린 시절 기억 속에는 아버지가 전화를 받고 얼굴이 굳어 뛰어나가면 영락없이 부대에서 사고가 난 것이 선명하게 남아 있다. 정찰을 돌던 군인들이 지뢰를 밟아 크게 다치거나 목숨을 잃는 일도 있었고, 부대 내에서 발생하는 총기 사고나 훈련 중 오폭 사고 그리고 병사들 사이의 폭력 사건 같은 일이 잊힐 만하면 일어나곤 했다. 어머니는 항상 아버지가 우리를 '북괴'로부터 지켜주는 일을 한다고 했는데, 정작 사람들이 목숨을 잃고 다치는 일은 '북괴'에 의해서 발생하는 것이 아니라 군대 내에서 일어나곤 했다. 어린 나는 이해하기가 어려웠다. 같은 민족이라고 하면서도 적이라며 '북괴'와의 전투를 준비하는 것도 그러했고, 그 과정에서 사람들이 다치고 죽는 것이 너무나 비정상적으로 느껴졌다.

다행스럽게도 아버지는 고지식한 '군인'은 아니었다. 사춘기에 들어선 내가 던지는 도발적인 질문이나 비판을 별다른 꾸짖음 없이 들어주기까지 했다. 아버지는 여느 군인들과 달리 반공 이데올로기를 무차별적으로 표출하지 않았다. 아버지는 군인이 정치를 하는 것을 수치스럽게 생각했고, 민주화에 대해서도 상당히 전향적인 자세를 가진 사람이었다. 대학에 들어간 이후에 내가 알게 된 것이지만 아버지는 전라도에서 태어나고 자라 광주민주화운동에 대한 트라우마 같은 것이 있었다. 고향이 광주와 가까웠던 까닭에 혹여나 친구나 가족이 다칠까봐 잠을 못 이뤘다고 했다. 군인으로서 자부심이 강했던 터라 군인이 시민을 폭력으로 제압하는 상황에 상당한 심적 부담감을 느꼈다. 동료와 상관들에게 이러한 상황에 대한 부당함을 문제제기했지만 일개 초급 장교가 바꿀 수 있는 것은 별로 없었다. 무력감이 상당했다고 한다. 게다가 군 내부에서 목소리를 높인 탓에 호남 출신이라 불순하다는 '오명'을 뒤집어써 상당 기간 동안 괴로웠다고도 했다.

그렇다고 분단국의 군이라는 존재에 대한 아버지의 생각이 여느 군인과 다른 것은 아니었다. 다만 군은 전쟁 시에만 전면에 나서야 하며 전쟁 방지가 무엇보다 중요하다는 입장이었다. 아버지는 안보적 위협 상황이 도래하면 군은 누구보다 강력하게 '적'을 응징해야 한다고 얘기하곤 했다. 물론 아버지에게 '적'은 북조선이었다. 내가 대학에 들어간 직후에 선배들에게 들은 이야기를 여과 없이 쏟아내던 시기가 있었는데, 그럴 때면 아버지는 국가 안보에 평화 혹은 민족이라는 이상주의적 가치를 가지고 단순하게 접근하는 것은 위험하다고 무겁게 말하기도 했다. 그 당시 나는 분단국이라는 특수한 상황에 대한 이해가 중요하다는 아버지의 말이 답답하게 느껴졌다. 그저 '기성세대'가 하는 뻔한 이야기라고 비판했다. 아버지의 의견에 동의할 수 없었기에 거세게 반항하기도 했다. 나는 '좋은' 혹은 '필요한' 군대가 아니라 태생적으로 폭력을 내재한 '군대' 그 자체가 사라지는 사회를 꿈꿨다. 설혹 그것이 현실에서 이뤄지기 어려운 일이라고 할지라도 한국사회가 그것을 지향해야 한다고 믿었다.

본격적으로 북조선 공부를 시작하면서 분단의 문제가 얼마나 간단치 않은 것인지 비로소 감각하게 되었다. 북조선이 핵실험을 시작하면서 아버지가 그토록 강조하던 '안보'가 분단국에 미치는 영향력을 실감하게 되었다. 북조선은 탈냉전 이후 경제적·정치적 열세를 만회하기 위해서 핵 개발에 매달리게 되었고, 이에 대응하기 위해서 남한은 미국과의 안보동맹 강화뿐만 아니라 군사력 확장에 나섰다. 남북은 교류와 협력을 모색하던 시기도 있었지만 '안보' 문제에 이르면 다시금 대결과 적대로 되돌아가곤 했다. 군대 없는 사회에 대한 기대는커녕 더욱 강력한 군사력만이 상대방의 위협으로부터 안전을 보장해줄 것이라는 믿음이 굳건해져만 갔다.

더욱 문제적인 것은 '안보' 문제가 불거질 때마다 남한사회에서 북조선에 대한 부정적인 감각이 증폭된다는 점이다. 남한의 정치와 사회는 북조선의 군사적 위협에 예민하게 반응하였고, 분단이데올로기는 불안한 사람들의 마음을 뒤흔들어놓기 일쑤였다. 북조선을 악마화하며 적대감을 숨기지 않는 이들이 점차 많아졌고, 평화나 통일에 대한 논의는 이상주의로 치부되었다. 거기에 최근 경제주의적 사고가 사회를 완전히 장악하게 되면서 분단을 유지하는 것과 통일과 평화를 만들어가는 것의 경제적 실효성을 따지는 풍토가 자리잡게 되었다. 분단과 통일이 숫자로 환원되기 시작하자 실익이 충분치 않다는 통일 회의론이 고개를 들었다. 돈이 되지 않는 평화와 통일에 관심을 갖는 이들이 점차 줄어들자 분단을 매개로 한 온갖 부정적인 감정이 휘몰아쳤다.

북조선에 대한 적대감은 그곳을 살아가는 사람들에 대한 거리감을 만들어냈다. 그들이 누구인지 그리고 어떠한 삶을 살아왔는지 가늠하기 어려운 상황에서 우리가 그들과 미래를 함께하겠다는 의지를 갖는 것은 어려워질 수밖에 없다. 북조선 사람들에 대한 무관심은 남한사회의 역사적 중층성에 대한 무지로 이어진다. 그들이 사실은 우리의 거울상이라는 것, 그들의 고단한 삶의 경험과 의식에 남한 사람들도 깊게 연루되어 있다는 것을 간과하기 때문이다. 점점 더 극단화되는 정치적 양극화나 분단으로 인한 사회의 군사화와 같은 남한사회의 문제가 북조선과 연동되어 있다는 사실도 기억해야 한다. 남과 북은 서로 연결되어 있기에 상대방을 제대로 이해해야 자신을 온전히 반추할 수 있으며 분단으로 인한 사회문제 해결의 실마리를 찾을 수 있다.

나는 북조선 사람들을 만나면서 비로소 한반도를 옥죄고 있는 분단을 마주하게 되었다. 분단의 흔적이 책에서 배운 것보다 훨씬 더 광범위하게 나의 일상과 의식을 장악하고 있다는 것을 확인했다. 군인 아버지와 함께 접경지역에서 자라면서 어렴풋이 경험해온 전쟁과 분단이, 분단국의 교육과 문화로 전수되어 내 안에 똬리를 튼 분단적 마음이, 민족이나 평화를 지향해야 한다는 이성의 한겹 아래에 있는 북조선을 향한 깊은 두려움이, 내가 북조선 사람들을 만나기 시작하면서 오롯이 드러나기 시작했다. 스스로 북조선에 대해 그 어떤 선입견도 없이 그들이 처한 역사적 맥락을 충분히 고려하고 있다고 생각했지만 나는 분단을 완전히 벗어나 사고하지 못하고 있었다. 고백하자면 나는 그들을 나와 같은 '사람'이 아닌 '북조선'이라는 분단 반대편의 존재로 단순화하여 감각하였다.

생각보다 오랜 시간이 걸렸던 것 같다. 북조선 사람들을 '북조선'이 아닌 여느 곳의 누구와도 다를 것 없는 '사람'으로 바라보기 시작한 것이 말이다. 아마도 나의 마음속 깊은 곳에 그들에 대한 고정관념이 있었던 것 같다. 북조선체제의 희생자 혹은 가난과 굶주림의 피해자의 모습이 그들의 얼굴에 깊게 각인되었을 것이라고 생각했다. 그만큼 매 순간 슬프고 고통에 빠져 있으리라고 짐작했다. 하지만 내가 만난 북조선 사람들은 힘겨운 삶의 조건에서도 사소한 일에 웃음을 터트리기도 했고 마치 아무 일도 없는 듯 일상을 살아가고 있었다. 피해자와 희생자가 결코 특정한 모습으로만 존재하지 않는 것처럼 북조선 사람들도 가지각색인 것이 당연하다. 다양한 그들의 삶과 경험을 통해서 북조선을 둘러싼 이분법적 사고체계가 얼마나 문제적인지, 국가로 환원되지 않는 얼마나 많은 다양한 이야기가 말해지지 않은 채 떠돌고 있는지 가늠하게 되었다.

남한사회는 북조선 사람들에 대해 무지하다. '북조선'이라는 국가에 너무 집착한 나머지 이들의 행위주체성의 다면성을 파악하지 못하고 있는 것이다. 그들은 분단을 가로질러 이주하면서 탈분단적 정체성을 구축하기도 하고, 국경을 넘나들며 코즈모폴리턴적 주체로 재탄생하기도 한다. 남북이 공유하고 있는 가부장적 체제에서 '어머니' 역할에 골몰하는 이들도 있고, 또다른 이들은 좀더 자유롭고 독립된 주체성을 체현하기도 한다. 국가나 민족이라는 구조를 무력화하는 일상적 실천에 나서는 이들도 상당하다. 수많은 얼굴로 존재하는 그들에게 좀더 다가가는 것은 남한사회와 사람들의 정체성에 깊게 내재해 있는 분단을 반추할 기회이기도 하다.

나는 지금까지 북조선 사람들과 심층 인터뷰를 진행해왔다. 대략적인 숫자를 따져보니 150명이 훌쩍 넘어간다. 심층 인터뷰의 형식은 아니지만 다양한 기회를 통해 만나 관계를 이어온 북조선 사람들까지 포함하면 그 수는 배가 된다. 대부분이 여성이다. 북조선이 경제난을 겪으며 사회에서 상대적으로 소외되어 있던 여성들의 이동성이 증가하면서 이들이 국경을 넘는 이주를 감행했기 때문이다. 또한 급격한 도시화를 경험하고 있는 중국의 둥베이東北 지역에서 북조선 여성이라는 노동 인력이 필요했던 것도 이들의 이동에 기여했다. 내가 만난 북조선 여성 중 몇몇은 북조선으로 되돌아가기도 했고, 남겨진 가족이 북조선에 있지만 중국에 상당 기간 머물며 송금에 매진하는 여성들도 많았다. 또다른 이들은 위험을 무릅쓰고 남한이나 일본으로 이주하기도 했다.

이들 각각의 삶의 궤적은 다를지 모르지만 북조선 여성으로서 공통된 경험도 존재한다. 또한 전쟁과 분단이라는 역사적 맥락이 그녀들의 삶을 규정짓기도 했지만 그녀들은 각자 적극적인 행위주체성을 발현하면서 나름의 차이를 만들어낸다. 내가 만난 북조선 여성들은 짧게는 한두시간에서 길게는 며칠에 걸쳐서 자신의 이야기를 쏟아내곤 했다. 그녀들의 기쁨과 슬픔, 희망과 절망, 의지와 좌절에서 국가와 개인, 과거와 현재, 가부장제와 어머니 노릇이 얼마나 복잡하게 뒤엉켜 있는지 짐작 가능했다. 또한 그녀들의 이야기는 단순히 타자에 대한 이해의 기회에 머물지 않고 분단의 폐해에 대한 직접적인 질문으로 작동하기도 했다.

나는 이 책에서 북조선 여성들과의 인터뷰에서 포착된 이야기를 사실적으로 드러내면서도, 단순히 그들의 구술을 나열하는 방식으로 서술하는 것은 피하려 한다. 전쟁에 참가한 여성들의 경험을 다큐멘터리 산문이라는 장르로 소개한 기존 연구를 참고하여 북조선 여성들과의 인터뷰 내용을 작가적 상상력을 덧입혀 소개하고자 한다.[1] 다시 말해 기존의 전통적인 사회과학적 글쓰기를 통해서가 아니라 '산문'의 형식을 적극적으로 차용함으로써 북조선 여성들의 역동적인 삶의 궤적에 가닿고자 했다. 사회과학이 '국가' 혹은 '사회'뿐만 아니라 사람들의 삶과 경험, 감정 등을 다루고 있다는 점을 감안할 때 실험적인 글쓰기는 또다른 학술적 전략이 될 수 있다고 믿기 때문이다.[2] 하지만 고백하건대 사회과학적 글쓰기에 익숙한 내가 또다른 형식의 글을 쓸 때 얼마나 엉성할지 두렵기만 하다. 소설이나 산문을 '쓰는 것'이 '읽는 것'과는 전혀 다른 일임을 절감하는 글쓰기 과정이었다. 그럼에도 학술적 논의에서 쉽사리 포착되지 않는 그녀들의 얼굴'들'을 조금이라도 생생하게 논의의 장에 초대하고자 낯선 형식의 글쓰기를 감행했다.

한편 최근 몇몇 연구에서는 연구자의 성찰적 경험을 분석의 전면에 내세움으로써, 사회학적이며 인류학적인 연구가 특정한 집단을 '연구대상'으로 삼는 것이 아니라 이들과 연구자의 상호 교류의 장임을 밝힌 바 있다.[3] 이에 본 연구도 북조선 여성과의 만남을 지속해온 연구자 '나'를 연구대상의 일부로 포함시키는 시도를 병행하였다. 연구자인 '나'는 북조선 여성을 만나게 되면서 새로운 '나'와 마주하는 놀라운 경험을 했다. 심연의 분단을 확인하고 괴로워하기도 했으며 북조선 여성들과 '여성'으로서 연대감을 느끼기도 했다. 연구 참여자인 북조선 여성들의 삶을 일방적으로 분석하는 것에 머물지 않고, 연구자 '나'와 연구 참여자 사이의 상호작용이 일어나고 있음을 확인했으며 그것의 힘이 얼마나 커다란 것인지 절감하기도 했다. 연구자의 위치성과 연구자와 연구 참여자의 관계성을 고려한 접근을 통해 둘 사이의 위계를 해체하는 데 조금이라도 기여하고자 했다.

북조선 여성들의 이야기는 한반도의 식민과 전쟁, 냉전과 탈냉전, 지역화와 세계화가 개인의 삶에 어떻게 중첩되어 있는지 생생하게 증언한다. 1부에 등장하는 북조선 여성들은 북조선 매체에서 '선전'을 목적으로 소개한 이들이다. 선전 속의 그녀들은 북조선체제가 구현하고자 하는 인민의 전형이지만 내가 만난 인터뷰 속의 인물들과는 상당한 차이가 있었다. 그래서 북이 내세우는 '인민의 전형'이 여느 북조선 여성처럼 삶을 살아간다면 어떤 경험과 감정을 겪게 될지를 인터뷰 데이터에 기초하되 작가적 상상력을 덧붙여 서사화한다. 2부는 연구자인 '나'에게 포착된 조·중 접경지역의 북조선 여성과 조선족 그리고 일본에서 만난 자이니찌^{在日}와 북조선 여성을 소개한다. 무엇보다 2부에서는 내가 만난 그들을 사실적으로 묘사하면서, 다른 한편으로 그들과의 만남을 통해서 경험한 나의 감정이나 변화를 분석하여 전달하려 한다. 마지막 3부는 자아문화기술지의 형식을 빌려 사회학과 북한학 사이에 존재하는 연구자 '나'를 성찰적으로 분석하면서 북조선 여성의 삶에 매료된 이유를 나 자신의 위치성의 맥락에서 추적하고자 한다. 그녀들과의 만남을 통해서 비로소 연구자로서 사회학적 질문을 던질 수 있게 된 과정을 반추한다. 무엇보다 나의 연구는 그들이 누구인지를 밝혀내는 것이 아니라 그들로 인해 내가 누구인지 알게 되는 과정이었음을 고백하고자 한다.

북조선 여성과의 만남은 연구자인 '나'에게는 기적과 같은 일이었다. 그녀들을 만나지 않았더라면 난 결코 내 안의 전쟁과 분단을 감각하지 못했을 것이다. 분단된 국가에서 여성으로 산다는 것이 무엇을 의미하는지 숙고할 기회도 없었을 것이다. 할머니와 어머니로부터 전수되어 나의 경험, 인식, 감정에 깊게 뿌리내린 역사의 흔적이 그녀들의 이야기를 통해서 비로소 질문으로 재탄생했다. 도대체 왜 한반도의 여성들은 국가를 위해서 혹은 '아내'와 '어머니'라는 이유로 그토록 고된 삶을 감내해야만 했던 것일까. 한때는 전쟁 때문이라고 하다가, 그 이후에는 분단된 국가에서 여성이 마땅히 해야 하는 역할이라고도 했다. 표면적으로는 남한 여성들의 삶이 북조선 여성들의 삶보다 훨씬 나은 것으로 보이지만 그 심연에는 그들이 분단을 매개로 작동하는 국가와 가부장제의 위력을 일상적으로 감내한다는 공통점이 존재한다. 북조선 여성들의 고단한 삶 이면의 전쟁과 분단을 목격하자 남한의 여성들도 그러한 역사적 흔적에서 자유롭지 못하다는 것을 나는 깨닫게 되었다. 북조선 여성들과의 만남은 나의 세계의 역사성을 마주하는 기회였으며, 분단이 현재의 나에게도 얼마나 커다란 영향을 미치고 있는지 확인하는 순간이었다. 아무쪼록 분단 같은 것은 이제 별 의미 없다고, 북조선은 우리와 별 상관 없는 타자라고 외치는 대부분의 남한 사람들이 그녀들의 이야기에 좀더 귀 기울였으면 한다. 단순히 그들의 삶을 이해하도록 하기 위함만은 아니다. 오히려 그녀들의 전쟁과 같은 일상을 통해서 여전히 분단에서 자유롭지 못한 남한사회를 한번쯤 되짚어보는 기회로 삼도록 하기 위함이다.

차례

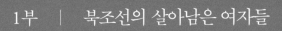

1부 | 북조선의 살아남은 여자들

1장
길건실 – 길확실˚

화전민의 딸

길건실은 1937년생이다.˚˚ 그녀는 평양시 영변군에 뿌리를 내린 화전민의 딸로 태어나 오빠와 남동생 사이에서 지독히도 가난한 유년 시절을 보냈다. 이 당시에는 일제의 수탈적 농업정책으로 땅과 집을 잃고 쫓기다 결국 산으로 내몰린 조선의 농민들이 부지기수였다.[1] 이들은 산림에 불을 질러 화전을 일구고 비바람만 겨우 가릴 공간을 집으로 여기며 살았다. 식민지 조선에서 백성으로 살아간다는 것은 그만큼 척박한 일이었다. 건실의 가족도

˚ 이 글은 길확실이 쓴 『천리마 작업반장의 수기』(평양: 직업동맹출판사 1961)와 천리마시대를 다룬 북조선의 영화 및 소설 등의 내용을 여성주의적 시각에서 재해석하려는 시도이다.

˚˚ 건실이라는 이름은 천리마작업반운동의 영웅으로 알려진 길확실의 본명에서 차용하였다.

거친 땅에 기대 겨우 끼니를 이어가는 처지였다.

소작농으로 근근이 먹고살던 아버지와 어머니는 높은 소작료를 감당하지 못했다. 먹고살기 위해 도시로 이주하는 이들도 있었지만 건실의 아버지가 할 줄 아는 것은 농사밖에 없었다. 배운 것이 없었던 어머니는 조용히 아버지의 뜻을 따랐다. 가난한 화전민의 삶은 힘겨웠지만 그 시기에는 모두 다 그렇게 사는 것으로 알고 체념하고 살았다.

일제의 폭압이 점점 심해질 즈음 건실이 태어났다. 없는 살림에 딸을 낳은 것이 못내 죄스러워 어머니는 제대로 몸조리도 하지 못했다. 별다른 표현을 하지는 않았지만 건실을 안아보지도 않는 아버지를 어머니는 어려워했다. 거친 삶을 사는 화전민에게는 아들이 딸보다 귀했기 때문이다. 아무도 뭐라 하지 않았지만 어머니와 건실은 괜스레 움츠러들었다. 안쓰럽게도 어린 건실은 자신의 효용가치를 증명하려는 듯 고사리 같은 손으로 땅을 일구는 일에 힘을 보태곤 했다. 눈칫밥 때문이었을까. 건실은 왜소했다. 그런 그녀가 안쓰러웠던 어머니는 다른 가족 몰래 감자 한덩이를 입에 넣어주곤 했다. 그러면 건실은 작은 입을 오물거리며 악착같이 감자를 삼켰다. 어떻게든 살아남아야 한다는 건실의 의지는 어렸을 때부터 몸에 밴 습성 같은 것이기도 했다.

화전민의 삶이란 땅의 힘이 다하면 다른 땅을 찾아 떠나는 것이다. 가난 때문에 당장의 수확에만 급급한 화전민에게 땅은 쉽사리 자리를 내어주지 않았다. 감자와 고구마 씨알이 작아지기를 반복하다가 나중이 되면 아예 열매가 맺히지 않은 채 넝쿨만 가득해졌다. 밭에서 돌아온 아버지의 푸념이 깊어진 어느 여름날, 읍에서 놀라운 소식이 날아들었다. 세상이 뒤집어졌다는 것이었다. 일제가 전쟁에서 점점 더 수세에 몰리고 있다는 이야기를 전해 듣기는 했지만, 일상에서의 일제의 폭압은 전혀 수그러들 기미가 없던 때였다. 서슬 퍼런 칼날을 휘두르던 일제는 마치 영원할 것만 같았다. 그런 일본이 망했다니. 해방. 조선의 독립. 낯설기만 한 말이었다. 놀라운 소식에 모두들 할 말을 잃었다.

곧이어 아버지는 눈이 벌게져 만세를 외쳤고 어머니도 덩달아 목놓아 울었다. 영문도 모르는 동네 아이들은 신이 나서 뛰어다녔다. 이상하게도 눈물을 흘리며 소리치는 사람들에게서 뭔가 모르게 솟아오르는 기운이 있었다. 새로운 세상이 금방이라도 열어젖혀질 것 같은 희망은 특히 없이 사는 사람들의 눈에서 선명하게 뿜어져 나왔다. 무슨 일이 일어났는지 가늠하지 못했던 건실도 가슴이 벅차올라 몸이 날아갈 것만 같았다.

*

혼란의 시기, 온갖 이야기가 터져나왔다. 소련이 이제 일본의 자리를 차지할 것이라는 이야기도 있었다. 남쪽에서는 이미 미군이 통치를 시작했다는 소문도 돌았다. 이야기라는 것이 그런 것이다. 사람들의 입을 거치면서 더욱 흉측해지기도 하고, 드물게는 미화되기도 한다. 남쪽과 북쪽이 분단되었다는 믿기 어려운 얘기가 들리더니, 시대의 영웅으로 김일성 장군의 이름이 오르내리기도 했다.

두려움보단 궁금한 것이 많았던 아버지는 하루 종일 읍내를 쏘다니다 돌아오곤 했다. 뭐가 변한 것인지, 앞으로 어떻게 살아야 하는지 쉽사리 감이 잡히지 않았다. 심란하기는 어머니도 마찬가지였다. 해방이 더이상 화전민으로 살지 않아도 되는 것이라면, 빼앗긴 자그마한 땅덩이를 되찾는 것이라면, 쫓겨난 작은 초가집으로 돌아갈 수 있는 것이라면, 분명 해방은 건실의 가족 모두가 바라던 것이었다.

세상은 무서울 정도로 빠르게 바뀌어갔다. 소련의 간접통치가 시작되었고, 사회주의 국가가 건설된다고 했다. 하긴 해방 직전에 소련 군대가 북조선에 이미 들어와 있었다. 소련은 미국과는 다르게 군정의 형태를 취하지는 않았지만 북조선의 주요 정치체제나 규칙, 제도 등을 자국과 비슷한 방식으로 만드는 데 적극적이었다.[2] 소련 군대는 1948년 12월에 퇴각했는데 사회체계를 세우는 과정에서 소련의 영향력은 상당했다. 김일성이 위원장을 맡은 북조선임시인민위원회가 1946년 2월 8일에 조직되었고 토지개혁이 단행되었다.[3] 곧이어 노동의 권리를 명시한 노동법, 그리고 남녀평등권과 중요 산업의 국유화를 주요 내용으로 하는 민주개혁이 실행되었다. 특히 토지개혁은 일본인과 조선인 지주 소유의 토지를 몰수하고 소작제를 철폐하여 토지소유권을 경작자에게 주는 것을 골자로 한다. 경작할 땅을 잃어버려 떠돌아다녔던 화전민이나 도시빈민은 이러한 개혁조치를 환영할 수밖에 없었다. 이념이나 체제가 무엇인지 몰랐지만 더이상 지주 눈치 보지 않고 내 땅을 경작할 수 있다는 것만으로도 사람들은 감격했다.

하지만 토지개혁은 누군가에게는 두려움이었다. 친일 행위를 서슴지 않았던 지주라면 더더욱 그러했다. 몇몇은 땅을 빼앗기지 않으려 안간힘을 쓰기도 했다. 하지만 대부분은 겁에 질려 땅을 내놓았다. 곳곳에서 조직된 농민들이 낫과 호미를 들고 토지를 요구하는 시위를 벌였기 때문이다.[4] 그중에 건실의 아버지도 있었다. 설움을 삼키며 살아온 만큼 북조선임시인민위원회가 주도하는 개혁에 깊이 빠져들었다. 가난한 농민에게 땅을 준다는 것만큼 혁명적인 약속도 없었다. 마침내 건실의 가족은 땅을 가진 농민이 되었다. 비록 작고 보잘것없기는 하지만 기거할 집도 무상으로 지원받았다. 당장 생활이 급격하게 나아지는 것은 아니었지만 미래에 대한 희망이 있었다. 모두가 가난하던 그 시기에 삶이 더 나아지리라는 희망은 사람들의 사고방식을 완전히 바꾸어 내기 충분한 것이었다.

비슷한 시기에 제정된 '북조선 로동자, 사무원에 대한 로동법령'이며 '북조선남녀평등권에 대한 법령'도 건실의 가족에게 큰 변화였다. 법령에 따라 노동자는 8시간 근무를 보장받으며, 유급휴가 등이 법적으로 가능해졌다. 건실의 부모는 평생 땅을 경작하며 살아왔고 앞으로도 그러할 것이지만, 건실 남매들의 미래는 노동자가 되어야만 했다. 덧붙여 봉건제와 일제 통치체제의 잔재로 남아 있는 남녀 불평등을 타파하고자 했던 '북조선남녀평등권에 대한 법령'도 혁명적이었다. 이제 어머니도 아버지처럼 토지를 분배받게 되었고 재산권을 비롯한 권리를 보장받을 수 있게 되었다. 건실은 불과 아홉살에 불과했지만 아버지와 어머니의 달뜬 얼굴을 보면서 뭔가 대단한 일이 일어나고 있음을 감지했다.

*

글을 읽지 못하는 어머니는 아버지와 그의 친구들이 하는 이야기를 조용히 듣곤 했다. 농민 시위를 다녀온 이들은 밤늦게까지 김일성 장군에 대해서 칭송하거나 새롭게 도래하는 세상에 대해서 토론하곤 했다. 어머니는 복잡한 이야기를 이해하기는 어려웠지만 일본놈과 지주를 쳐부숴야 한다는 말이 또렷이 가슴에 남곤 했다. 아버지는 어머니에게 글을 배우라고 했다. 인민위원회에서도 여성들에게 글을 배우라고 독려했다. 하지만 어머니는 엄두가 나지 않았다. 애 셋을 키우면서 집안일만 하던 어머니에게 '새 세상'은 희망이었지만 동시에 두려움이기도 했다.[5]

"내 딸은 나처럼 꼭 자무식쟁이로 키우지 말자!" 어머니가 용기 낼 수 있는 것은 그 정도였다. 건실은 운이 좋았다. 아버지와 어머니 둘 다 배운 것은 없었지만 변화하는 세계에 꽤나 적극적이었기 때문이다. 계집아이가 무슨 글공부냐는 주변의 핀잔은 문제되지 않았다. 전쟁의 폐허 속에서도 북조선 정부는 학교를 세우고 인민교육 체계를 구축하려 안간힘을 썼다. 남녀 할 것 없이 모두 학교를 다녀야 한다는 교양 문건이 시골 곳곳에 나붙었다.

건실은 오빠와 남동생과 같이 인민학교에 다니며 글을 배웠다. 작지만 당찼던 건실은 학교에서도 단연 두각을 나타냈다. 학습이나 학교생활에서 워낙 똑 부러지게 행동했기 때문에 '길확실'이라고 불릴 정도였다.[6] 학급에서도 솔선수범했고 자신에게 맡겨진 과업을 빈틈없이 처리했다. 사실 이러한 건실의 성격은 남자 형제들 사이에서 자신의 몫을 해야 한다는 어려서부터의 강박 같은 것 때문이기도 했다. 건실은 일본 제국주의의 극악한 패악과 지주들의 만행에 대해서 읽고 공부하며 공산주의적 의식을 키워갔다. 자신이 직접 나서서 농민과 노동자가 주인 되는 세상을 만들어갈 것이라 다짐했다.

하지만 세상은 너무나 아무렇지 않게 또다시 출렁거렸다. 북조선 곳곳에서 전쟁 준비가 시작되었기 때문이다.[7] 전쟁이라는 것은 온 사회가 동원되어야만 가능한 것이다. 전방과 후방을 가리지 않고 북조선 사람들이 동원되었다. 다행히 건실은 전선에 동원되지는 않았지만 건실의 아버지와 오빠는 인민군으로 차출되었다. 이제 겨우 열여덟살이 된 건실의 오빠는 "정의와 해방의 전쟁"에 참가하는 것은 당연하고 영광스러운 일이라고 목소리를 높였다. 어린 청년의 결기는 그 자체로 위태롭기 마련이다. 헐렁하게 큰 군복을 입고 제대로 다루지도 못하는 총을 들고 앞장서는 모습에서 불길한 기운이 어른거렸다. 다행인지 불행인지 그런 아들 곁에는 걱정스러운 얼굴을 한 아버지가 있었다. 전쟁의 참혹함이 어떤 것인지 정도는 가늠할 수 있었던 아버지는 두려움이 더 컸다. 공명심이 가득한 채 전쟁에 뛰어든 아들이 불안했고, 당장 집에 남겨둔 아내와 어린 자식들의 끼니도 염려되었다.

*

남겨진 사람들도 뭐든 해야 했다. 어머니는 공장노동자로 배치되었다. 남편과 자식을 전장에 보낸 북조선 여성이라면 응당히 해야 하는 일이었다. 건실도 전시 상황에서 제대로 된 학교생활을 지속하기 어려웠다. 농사를 지으며 살아온 어머니는 갑작스런 공장 노동이 힘겨울 수밖에 없었다. 군대처럼 단체생활을 해야하는 것도 불편했다. 게다가 아침 일찍부터 이어지는 노동에도 불구하고 먹을 것은 턱없이 부족했다. 그렇다고 공장이 제대로 돌아가는 것도 아니었다. 전장으로 공장 기술자가 배치된 까닭에 공장 가동을 위한 필수적인 기술노동력이 절대적으로 부족했다. 일을 하는 방법을 몰랐던 여성들은 절대적인 노동량과 노동시간으로 부족한 부분을 채울 수밖에 없었다.

이가 없으면 잇몸으로 산다고 하지 않았던가. 점차 여성들은 생산에 필요한 기술을 습득하고, 공장의 기계를 고쳐가면서 생산력의 증진을 가져오기도 했다.[8] 전쟁에서의 승리라는 공동의 목표를 이뤄내기 위해서 북조선 여성들은 일사불란하게 움직였다. 북조선민주녀성총동맹 위원장 박정애는 여성들의 후방사업을 독려하는 다음과 같은 글을 발표하기도 했다.

로동 녀성들과 농민 녀성들은 정의의 전쟁에 궐기한 인민군대에게 군수품과 식량과 의복과 약품들을 보내기 위하여 증산투쟁을 더 일층 가감히 전개하라! 또한 녀성 로력을 광범히 직장에 진출케 함으로써 각 부문에서 남자들이 하던 사업을 우리 녀성들의 손으로써 충당토록 하는 동시에 녀성들은 솔선 부상병들의 간호사업과 인민군대에게 드리는 따뜻한 위문편지 조직과 그 가족 원호사업에 온갖 열성을 다하라![9]

전쟁이라는 극단의 위기 상황은 역설적으로 여성에게 기회가 되기도 했다. 남편이나 아들 뒤에서 숨죽여 살던 여성들이 어엿한 직장을 갖게 되었고, 사회의 구성원으로서 역할을 수행하게 된 것이다. 노동자라는 이름을 갖게 된 북조선 여성들은 묘한 해방감을 느꼈다. 물론 여성들에게 주어진 일이란 전쟁 물품을 생산하는 것과 전투에서 부상을 입은 군인을 간호하거나 지원하는 것에 불과했다. 하지만 여성들로서는 서로를 아무개 동무로 칭하는 것도 그러하고, 공적인 목표를 향해 함께 노력한다는 것도 지금까지와는 전혀 다른 세상을 경험하는 것이었다. 그때까지 이름을 잃어버린 채 누군가의 부인과 어머니로 살아온 이들이었기에 더더욱 그러했다.

하지만 삶의 곳곳에 뿌리내린 젠더 관습은 쉽사리 사라지지 않는다. 전쟁이라는 위급 상황에서 잠시 여성들에게 다른 사회적 자리가 허용된 것뿐이었다. 전쟁 시기 여성들의 생산활동 참여가 독려되었지만 동시에 여성들은 전방에서 전투에 참여하는 남성들에게 위문편지나 구호물품을 보내거나 간호사업과 같은 돌봄 노동을 전담하게 됨으로써 그 위치가 분명히 제한되기도 했다.[10]

게다가 여성 스스로도 새로운 역할이 버겁기도 했다. 익숙한 습성을 벗어나기란 이토록 어려운 것이다. 갑작스레 노동자의 삶을 수행해야 하는 상황에서 북조선 여성들은 혼란에 빠졌다. 건실의 어머니도 그런 이들 중에 하나였다. 집안일만 하던 어머니는 공장일이 쉽지 않았다. 공장에서의 생산공정을 이해하는 데까지도 엄청난 시간과 노력이 필요했다. 매일 반복되는 사상교양이나 기술 습득을 위한 교육도 힘들기는 마찬가지였다.

전장에 나가 있는 남편과 아들을 생각하며 생산에 더욱 매진하라는 독려에도 불구하고 공장 여성들이 생산량을 채우는 것은 쉽지 않았다. 생산목표를 맞추기 위해서 두배가 넘는 노동시간을 감수해야 했다. 필요한 원재료가 부족한 것도 이유였다. 그럼에도 전쟁이라는 위급한 상황은 모두를 각성하게 했다. 새벽부터 밤늦게까지 "후방도 전선이다!" "남자들의 뒤 일을 녀성들이 맡아 하자!" 등의 구호를 외치면서 생산에 매진했다.[11]

몇달이면 끝날 것이라던 전쟁은 계속되었다. 후방사업의 어려움도 점점 더 심각해졌다. 공장이 돌아가기 위해서는 전기와 원자재가 필요했지만, 폭격으로 인해 전기 공급은 불안정했으며 원자재 보급도 더욱 어려워졌다. 건실처럼 어린 여자아이들은 전쟁에 도움이 되고자 파철이나 버려진 천 등을 구하러 하루 종일 길을 헤매고 다녀야 했다. 그나마 필요한 자재나 원료를 구하지 못하면 공장 간부들에게 호된 질책을 들어야 했다. 그럴 때마다 간부들은 혁명의식이 없다거나 제국주의적 부르주아 사상에 물들어 있다는 식의 독한 말을 쏟아내곤 했다. 무에서 유를 창조하는 것이 나라와 가족을 위하는 공산주의적 노동자의 모습이라니. 건실은 공산주의라는 것이 이렇게 냉혹한 것인지 가끔 의문스러울 때가 있었다. 호된 비판을 듣고 난 날은 더욱 그랬다. 그럴 때면 어머니는 조용히 건실을 바라보며 눈물만 흘리곤 했다.

공장에서 일하는 여성들은 혼란스러웠다. 전쟁의 승리가 목전이라는 말을 들은 지도 까마득했다. 식량이 부족하기는 전방이나 후방이나 마찬가지였다. 여성 노동자들이 전방의 군인들을 생각하며 소금에 절인 배추 조금과 감자 한덩이로 하루를 버티는 것에도 한계가 있었다. 군복이나 군수용품은 지속적으로 생산하면서도 이들은 반쯤 헤진 누더기 같은 옷을 입고 있었다. 몇몇 여성들은 공장에서 남은 천을 활용해서 옷을 기워 입곤 했는데, 이마저도 지배인에게 발각되면 한바탕 난리가 났다. 배고픔과 추위를 이기지 못한 몇몇 여성들은 아이들을 데리고 사라지기도 했다.

건실과 어머니도 다시 산으로 숨어들어가는 것이 유일한 방도라는 생각이 들 무렵이었다. 그날도 생산량을 맞추기 위해서 초과 노동을 하고 있는 상황이었다. 공장의 초급당 위원장*이 직접 공장의 노동자를 찾았다. 여성들 대부분은 손으로는 일을 하면서도 온통 위원장에게 신경이 쏠렸다. 전쟁이 지속되면서 좋은 일보다는 나쁜 일이 생겼을 때마다 굳은 얼굴을 하곤 했던 위원장이 공장에 들이닥쳤기 때문이었다. 모두가 웅성거리기 시작할 때

• 북조선 로동당의 기층 조직은 당세포, 부문당, 분초급당, 초급당으로 구분된다. 1966년 이전까지만 해도 가장 말단 조직인 당세포의 책임을 맡는 이를 세포위원장, 부문당·분초급당·초급당의 책임자를 위원장으로 불렀다. 이 당시에는 당 중앙위원회 간부의 경우에 '비서'라는 칭호를 썼다. 하지만 1966년 이후부터는 세포의 책임자를 세포비서, 초급당의 책임자는 당비서라고 부르기 시작했다.

위원장은 조용히 어머니를 불렀다.

"해방전쟁에서 길영철 동무가 영웅적인 전투 끝에 사망했소."

위원장은 건실의 아버지가 죽었다는 소식을 그토록 덤덤하게 전했다. 순간 아득해진 어머니는 눈물조차 흘리지 못했다.

"네? 뭐요? 그럼…… 그럼…… 우리 아들은 어떻게 되었소?"

한동안 더듬거리다 겨우 터져나온 질문이었다.

"그건 우리도 모르오. 수소문 중이니 곧 소식을 알 수 있을 거요."

털썩 주저앉은 어머니 곁에서 건실은 정신을 차리려 안간힘을 썼다. 자신까지 무너지면 어머니에게 큰 사단이 날 것만 같았다. 건실에게 '원쑤를 쳐부수는 해방전쟁'은 배고픔과 노동의 고통, 거기에 아버지의 죽음일 뿐이었다. 무엇을 위한 해방이란 말인가? 어디로부터 해방된다는 것인가? 끝없는 질문이 건실의 머릿속을 맴돌았다. 그제야 참았던 눈물이 터져나왔다.

전후 복구

다행스럽게도 건실의 오빠는 고향으로 돌아왔다. 걸을 수는 있었지만 탄환의 파편을 맞은 왼쪽 다리를 마음대로 움직이지 못했다. 눈앞에서 아버지가 죽었고, 살아남은 자신은 평생 전쟁의 흔적을 안고 살아가야 할 터였다. 이제 갓 스물한살이 된 젊은 청년이 감당하기에는 너무나 큰 고통이었다. 몸보다 마음이 더 문제였다. 오빠는 한동안 정신이 나간 듯 보였다. 오빠가 어떤 고초를

겪었는지 건실은 그의 흐릿한 눈빛으로 짐작할 뿐이었다. 평양은
완전히 초토화되었다. 한국전쟁의 피해는 남한보다 북조선이 훨
씬 더 컸다. 남한군 전사자는 23만 7686명이었다.[12] 북조선은 전
쟁 중 목숨을 잃은 군인과 민간인 사상자의 수를 발표하지 않았
지만 남한보다 훨씬 더 심각했을 것으로 추측된다.

전쟁이 끝나자 당은 전쟁 폐허를 복구할 것을 외쳤다. 김일성
을 비롯한 정치지도자들은 하루가 멀다 하고 전후 복구를 강조하
는 연설을 해댔다. 산업은 파괴되었고, 살림집을 잃어버린 사람들
이 대부분이었다. 당장 먹을 식량도, 생활에 필요한 생필품도 부
족한 상황이었다. 당에서는 불안한 사회 분위기를 각성시키기 위
해서라도 강력한 전후 복구 사업이 필요했다. 김일성은 인민경
제를 복구하기 위해서 중공업시설이 중요하다고 강조하며 제철,
기계, 군수, 조선, 전기, 화학 등 기간산업 시설의 건설을 독려했
다.[13] 북조선 지도부는 인민들의 "원쑤"에 대한 적개심을 활용했
다. 폐허를 복구하는 것이야말로 "원쑤"에 대한 진정한 복수라고
선전했다. 전쟁에서 목숨을 잃은 군인들이나 몸을 다친 영예군인
을 당이 각별히 신경쓴 것도 이런 맥락이었다. "원쑤"를 쳐부수기
위한 전쟁에 참가한 군인들의 명예를 높게 기리고 이들의 안위를
책임짐으로써 인민들에게 분명한 메시지를 전달하는 것이다.

아버지의 죽음은 살림집과 배급표가 되었다. 건실의 가족은 적
어도 다시 땅집*으로 돌아가지 않아도 되었다. 영예군인이 된 건

• 대량주택(아파트) 형태가 아닌 일반 주택의 북조선식 표현이다.

실의 오빠 몫으로도 옷, 식량, 가구, 가전제품과 같은 배급품이 나왔다. 적어도 오빠는 평생 먹을 걱정은 내려놓게 되었다. 건실도 진학이나 직장 배치에 특별대우를 받게 되었다. 전쟁영웅의 가족은 핵심계층으로 분류되어 미래가 보장되었다. 반대로 지주계층, 종교인, 월남자의 남겨진 가족들은 동요계층이라는 낙인이 찍혀 거주지부터 직장까지 모든 부분에서 어려움을 겪게 되었다. 북에서의 전후 복구는 전쟁으로 인한 유무형의 피해를 보살피는 일뿐 아니라 사회의 위험 인자를 철저하게 분류하여 배제하는 일도 포함하는 것이었다.

조선로동당을 중심으로 전후의 폐허를 복구하는 사업이 빠르게 진행되었다. 눈 깜짝할 사이에 평양 곳곳에 건물이 들어섰다.[14] 김일성은 1956년에 「건설사업에서의 혁신을 위하여」라는 연설에서 조립식 건설과 같은 방법을 활용하여 건축 속도를 더욱 빠르게 할 것을 강조하였다.[15] 사회주의 국가의 중심, 혁명의 수도를 건설한다며 몰려드는 지방 사람들까지 공사 현장에 투입되곤 했다. 평양의 청년, 군인, 대학생 들이 모조리 건설 현장에 동원되기도 했다. 당은 한번에 천리를 간다는 천리마의 정신으로 국가 재건 사업의 속도를 높일 것을 강조했다. 열심히 일하는 것으로는 충분하지 않다는 뜻이다. 무엇보다 빠른 속도로 목표치를 이뤄내는 것이 중요한 시기였다. 아파트와 같은 건물과 국가 기간산업 시설을 건설하고, 생필품과 식량을 생산하는 등 전인민적 증산운동이 된 천리마운동으로 북조선 곳곳이 들썩거렸다. 대규모의 인민동원을 골자로 한 천리마운동은 생산량의 급격한 증가를 만들어냈다. 나라의 주인으로 호명된 노동자와 농민은 전쟁이 멈췄다는 것만으로도 신바람이 났다. 파괴된 자리에 건물이 솟고 멈춘 공장이 쉴 새 없이 돌아가고 길거리에 사람들이 넘쳐난다는 것만으로도 모두의 가슴은 벅차올랐다.

천리마 노동영웅

건실은 평양 외곽의 협동농장을 거쳐 열여덟살의 나이에 평양제사공장에 배치되었다. 이 공장은 현재는 김정숙평양제사공장으로 이름이 바뀌었는데, 북조선의 섬유공업에서 가장 중요한 공장 중 하나이다. 일제 시기부터 존재한 평양제사공장은 명주실을 비롯한 섬유제품을 생산하는 공장으로 잘 알려져 있었다. 섬유가 인민 생활의 주요한 분야인 만큼 좋은 질의 명주실을 더 많이 생산하는 것이 중요한 상황이었다. 인민들의 일상이 제대로 작동하기 위해서는 빠른 시간 내에 목표량을 생산하는 것도 필요했다. 북조선 여성들이 대거 공장으로 배치되었으며, 그중에는 이제 막 열여섯살이 된 어린 여성들도 섞여 있었다. 전쟁으로 인해 노동력이 부족했던 북조선은 여성을 적극 활용하였다. 물론 나이 어린 여성도 예외가 아니었다.

건실은 협동농장에서 농사를 짓는 것보다는 공장에서 일하는 것이 낫다고 생각했다. 농민보다는 노동자가 훨씬 더 멋져 보였다. 당의 선전에서도 '노동자의 자긍심' '노동자가 사회주의 혁명의 핵심'이라고 강조했다. 하지만 어머니는 건실이 어린 나이에 아침부터 저녁까지 노동해야 하는 것을 못내 가슴 아파했다. 머리가 좋은 건실이 공부를 더 해서 당 간부 같은 역할을 했으면 하는 생각도 했다. 무엇보다 국가에서 필요할 때마다 추켜세워온 '노동자'들이 실제로는 엄청난 강도의 노동을 감내해야 하는 상황이 못마땅했다. 전쟁 통에 국가와 인민을 위한 일이라며 고통을 참아내야 했던 자신의 삶을 건실이 되풀이하는 것이 속상했다.

건실은 주장이 분명한 똑똑한 아이였다. 새로운 세계에 대한 호기심도 많았다. 학교에서 일방적으로 배우는 사회주의 도덕이나 김일성 수상의 '기적과 같은' 일생에 대해서 궁금증도 많았다. 몇번 궁금한 것을 학습 중에 물어본 일도 있었다.

"위원장 동지, 아무리 해방전쟁이라고 해도 사람을 죽이는 전쟁이 옳은 건가요?"

"남녀 평등이 이뤄졌다고 하는데, 왜 우리네 어머니들의 삶은 변하지 않는 건가요?"

"사회주의 혁명의 목적은 노동자가 주인 되는 세상을 건설하는 것인데, 왜 당원이나 지도원 동지들이 더 많은 권력을 누리는 건가요?"

와 같은 질문을 하기도 했다.

모든 질문은 의미가 있다고 했던 위원장은 건실의 질문에는 불같이 화를 냈다. "반동 부르주아 사상이 동무의 머리를 병들게 했다"는 비난을 퍼붓기도 했다. 건실은 해방전쟁에서 아버지를 여의고 오라버니까지 영예군인이 된 집안에서 자신 같은 돌연변이가 나왔다는 얘기까지 들었다. 건실은 혹여나 자신이 모르는 사실이 있는 것인지 의문스러울 때마다 더욱 학습에 매진했다. 일본 식민주의와 미국 제국주의가 얼마나 인민들의 삶을 파괴했는지 학습하면서 김일성 장군의 영도력이나 당의 가르침의 중요성을 이해하기 위해서 노력했다. 무조건 믿고 따르라는 위원장의 주문이 불편하기는 했지만 다른 뾰족한 수도 없었다.

그러던 즈음 평양제사공장에 배치된 건실은 마음속으로 깊은 다짐을 했다.

'아무리 궁금한 것이 있어도 굳이 입 밖으로 내지는 않겠어. 괜스레 문제를 만들기보다는 조용히 지내는 것이 어머니를 위하는 일이야. 어쨌든 김일성 수상님의 뜻을 따르는 일이 곧 인민을 위한 일이니까.'

*

건실은 묵묵히 작업반에서 시키는 대로 자기의 몫을 하고자 했다. 어린 여성들이 함께 모여 일하는 공장에서는 온갖 문제가 발생하기 마련이었다. 작은 문제가 생산과정 전반에 영향을 미치는 일도 잦았다. 그럴 때마다 건실은 어떻게 하면 노동자로서 제대로 역할을 수행할 수 있을지 고민스럽기만 했다. 다행스럽게도 평양제사공장의 초급당 위원장은 공산주의적 생산방식에 대한 엄청난 신념이 있는 사람이었다. 당 상층부에서부터 내려오는 작업목표를 성취하는 것도 중요하게 생각했지만, 노동자의 권리와 의식에 대해서도 분명한 인식이 있었다. 건실은 그런 위원장을 따랐다. 건실의 눈에는 그녀가 진정한 노동자로 보였기 때문이다. 그녀를 통해서 사회주의 혁명에 대한 자신의 궁금증도 조금씩 답을 찾아갈 수 있을 것이라 생각했다.

"건실 동무, 사회주의의 핵심은 생산수단을 인민 모두가 공유하는 것에 있어요. 노동자, 당원 할 것 없이 말이에요. 그러니 지금 우리가 일하는 이 공장도 우리 모두의 것이 분명한 거지요."

"당에서는 반제국주의 혁명투쟁을 위해서 노동자가 더욱 선봉에 서야 한다고 하지 않았나요?"

"그것도 물론 맞는 말이에요. 주변 환경이 우리에게 그리 녹록하지 않으니까요. 그렇다고 해서 맹목적으로 노동자가 희생하는 것은 진정한 사회주의가 아닐 거예요. 사회주의를 제대로 완수하기 위해서라도 노동자가 더욱 각성해야 해요. 사회주의 원리와 혁명의 필연성에 대한 고민 없이 사회주의 혁명은 가능하지 않아요."

"알겠습니다. 위원장 동지가 이렇게 이끌어주시니 명확해지는 것 같아요."

위원장은 마치 자신의 어린 시절을 보듯 궁금증이 가득한 건실에게 자신이 아는 것을 전해주려 애썼다. 그런 그녀를 건실은 무척이나 따랐다.

그러던 어느날 이상한 소식이 퍼져나갔다.

"들었어? 위원장 동지가 파면되었대."

같은 작업반의 인복이 말했다.

"어? 그게 무슨 말이야? 왜? 무슨 일인데?"

"그건 잘 모르는데, 반동적 행위를 해서 당에서 처벌을 받게 되었다는 것 같아."

갑작스런 위원장의 파면은 공장 분위기를 가라앉게 했다. 그녀가 노동자들 사이에서 존경을 받았기에 그 충격은 더욱 컸다. 후에 1956년 8월 종파투쟁으로 알려진, 중앙당에서 벌어진 정치적 숙청이 하급 단위로 확대된 것이 위원장의 파면에 결정적인 역할을 하였다.

소련에서부터 시작된 개인숭배에 대한 비판을 주장한 조선로동당 중앙위원회 위원들을 김일성이 주도하여 '반당종파분자'로 몰아 숙청한 것이 시작이었다. 한국전쟁 이후의 전후 복구 노선을 두고 이미 북조선 내에서는 김일성파, 국내파인 갑산파, 중국 본토에서 항일투쟁을 했던 연안파, 소련의 지지를 받았던 소련파로 나눠져 있었다. 8월 종파투쟁을 둘러싼 여러 해석이 존재하지만, 그 근간에서는 국가경제 발전 노선과 방향을 둘러싼 이견이 일정 부분 역할을 한 것으로 보인다. 표면적으로는 종파투쟁이 국가건설기의 경제 복구 노선을 두고 벌어진 생산적인 토론과 경쟁의 과정인 것으로 보였지만, 그 이면에서는 권력을 둘러싼 치열한 암투가 벌어지고 있었다.

파벌 사이의 권력 경쟁이 본격화되던 때 소련 공산당이 스딸린 개인숭배를 비판하자 연안파와 소련파가 김일성 개인숭배를 문제시하면서 갈등이 더욱 첨예해졌다. 1956년 8월 30일에 열린 로동당 중앙위원회 8월 전원회의에서 성급하게 개인숭배 문제를 제기한 연안파와 소련파가 김일성이 주도하는 중앙위원회 위원들로부터 강도 높은 비판을 받게 되고 모든 정치적 자리에서 숙청되었다. 김일성은 이 당시 자신에게 반기를 든 이들을 '반당종파주의자'로 비판하면서 자신이 강조해온 중공업 중심의 산업 건설, 외교에서의 독자성 구축 등의 노선을 밀어붙이게 된다. 이 과정에서 김일성은 증산운동이나 천리마운동에 소극적으로 대응했다는 혐의를 '반당종파분자'에게 덮어씌우기도 했다. 종파분자들이 인민이 적극적으로 참여하는 증산운동이나 평양건설운동 등을 "시기상조"라고 하거나 "조선에서는 할 수 없다"고 투덜거리며 방해했다는 것이다.[16]

사실 로동당의 조직을 재편하려는 시도는 종파투쟁 전부터도 감지된다. 정치적 격변의 시기였던 이즈음을 전후하여 전국적으로 당증 교환 사업이 이뤄졌기 때문이다.[17] 하부 단위에 복무하던 시·군·리인민회의 대의원의 상당수가 물갈이되었다.[18] 종파투쟁의 여파는 무려 2년에 걸쳐 지속되었으며, 이 과정에서 조금이라도 다른 생각을 개진한 사람들은 '반당종파분자'라는 오명을 뒤집어쓰고 정치적으로 숙청되었다.

평양제사공장도 이러한 소용돌이에서 안전하지 않았다. 자고나면 공장을 그만두는 사람들이 나타났다. 웅크리고 있는 것이 살아남는 유일한 방법이었다. 공석으로 있던 몇몇 작업반장 자리에 새로운 사람이 임명되었다. 특히 그동안 별로 주목받지 못했던 이들이 대거 책임자의 자리를 꿰차게 되었다. 건실이 작업반장이 된 것도 이런 맥락이 배후에 있었다. 1958년 10월, 이제 고작 스물한살이 된 건실이 제2직장 제1작업반의 반장이 되었다.[19]

나이도 어리고 공장에서 일한 경력도 고작 3년에 불과한 그녀가 작업반장이 된 것이다.

사실 그 당시 공장의 분위기는 그리 좋지 않았다. 경제적 자본 축적이 한계에 부딪힌 북조선 지도부는 노동자를 동원하여 증산 목표를 달성하려 했다. 방법은 노동자 사이의 경쟁을 유도하여 생산량을 늘리는 것이었다. 작업 생산량을 초과 달성한 열성 노동자에게 물질적 혜택을 제공함으로써 노동자들의 자연스러운 경쟁을 추동하려는 계산이었다.[20] 하지만 이러한 방식은 당장의 증산은 가능했는지 모르겠지만 공장 내의 서열과 갈등을 만들어 내고 있었다.

건실이 작업반장이 된 이유는 역설적으로 그녀가 열성 노동자가 아니었다는 데 있었다. 열성 노동자는 일반 노동자 사이에서 위화감을 조성하고 노동자들 사이의 경쟁 구도를 만들어냈기에 작업반장으로는 적합하지 않았다. 오히려 자신의 몫을 완수하기는 했지만 열성 노동자의 전형과는 거리가 있는 인물이 필요했다. 게다가 건실은 화전민의 딸이자 전쟁에서 아버지를 잃은 여성이었기에 어려운 환경에 처한 상당수의 여성 노동자와 교감할 수 있었다. 증산운동이 제대로 효과를 발휘하기 위해서는 집단주의적 풍토가 자리잡아야 한다고 믿었던 공장 지도부는 건실이 주도하여 작업반을 하나로 만들 것을 기대했다. 생산량을 증가시키기 위해서라도 공장의 노동자들을 집단주의적인 노동자로 개조하는 것이 필요했기 때문이다. 인간개조. 그 당시 노동자들에게 강조된 지침이자 구호였다.

                                    *

  갑작스레 작업반장이 된 건실은 엄청난 압박감에 시달렸다. 작
업반을 이끄는 것도 힘든 일이지만 작업반장은 공장의 간부 와
노동자 사이를 조율하는 역할을 수행해야 했기 때문이다. 당의
지침을 실행해야 하는 공장 지배인과 초급당 위원장은 현실의 한
계에도 불구하고 무리해서 생산량을 책정하거나 기계적으로 학
습이나 선전 활동을 수행하곤 했다.
  반면에 노동자들은 개인주의적인 성향이 뚜렷했다. 기숙사와
공장에서 하루 종일 같이 생활하는 것이 가장 힘든 일이었다. 여
성 노동자들은 각자 취향도 달랐고 잠자는 시간이나 휴식시간에
도 차이가 있었다. 누구는 노래를 부르며 휴식을 취했지만 또다
른 누구는 조용히 책을 보면서 쉬고 싶어했다. 좁은 기숙사에서
생활하다보니 서로 부딪치는 것이 한두가지가 아니었다. 작업 성
취도에 따라 차등적으로 지급되는 노임이나 상품으로 인한 분쟁
도 끊이지 않았다. 게다가 대부분의 작업반원은 아직 아이 태가
가시지 않은 어린 여성들이었다. 갑작스레 노동자로 호명되기는
했지만 그들은 하고 싶은 것, 먹고 싶은 것도 많은 꿈 많은 여성들

• 생산단위의 경영 부문의 책임을 지닌 간부를 지배인이라고 부르며, 생산단위의 당
  조직의 책임을 맡고 있는 이가 위원장이다. 지배인이 공장이나 기업소를 운영하여
  생산과 이윤 등을 전반적으로 관리한다면 당 위원장은 기업소 내 당 조직을 관리하
  는 역할을 담당한다.

이었다.

위에서는 '인간개조'를 해야 한다고 강조했다. 초급당 위원장은 주기적으로 건실을 불러 작업반의 노동자가 개인적 이익을 추구하기보다는 작업반 전체를 위해서 희생할 수 있도록 해야 한다고 주문했다. 건실이 먼저 솔선수범을 보이는 것이 효과적일 것이라고 조언하기도 했다. 건실은 자신이 없었다. 주변의 동료를 배려하는 것이야 인간으로서 당연히 해야 하는 일이지만, 자신을 버리고 작업반의 목표를 위해서 모두가 일사불란하게 움직이는 것이 옳지 않다고 생각했다. 오히려 건실은 서로의 차이가 좀더 존중받는 것이 필요하다고 생각했다. 각자가 잘하는 것, 좋아하는 것을 하면서도 훌륭한 노동자가 되는 것은 가능하지 않은 일인지 궁금했다.

그러던 차에 작업반 모두가 가극 「금란의 달」을 보게 되었다.[21] 주변에서 평이 워낙 좋아 작업반 모두는 가극 볼 생각에 들떠 있었다. 작업반 사이의 유대감을 높이는 것이 목적이긴 했지만, 당 차원에서는 문학예술에 담긴 정치적 메시지를 교육시키는 방편으로도 단체 관람이나 강연회 등을 활용하곤 했다. 하지만 역시나 이번에도 작업반원이 일사불란하게 움직이는 것은 쉽지 않았다. 게다가 오랜만의 외출에 다들 한껏 모양을 내고 싶어했다. 그나마 옷이 있는 노동자는 괜찮았지만 여러 사정으로 외출복이 없는 이들은 더더욱 외출을 반길 리 없었다. 결국 외출복이 있는 몇몇은 즐겁게 외출했지만, 그렇지 않은 이들은 기숙사에 우울하게 남아 있게 되었다. 건실이 나서서 간곡히 설득하고 자신의 옷을 일부러 빌려주기도 해봤지만, 여성 노동자들 사이의 차이와 간극은 쉽사리 메꿔지지 못했다. 그만큼 작업반원들 사이에는 경제적 차이가 존재하고 있었으며, 그러한 차이는 분명 서열로 작동하였다. 건실은 40명이 넘는 작업반원을 당을 위해 불나방처럼 자신을 희생하는 집단으로 만들어내는 것은 불가능에 가깝다고 생각했다.

작업반원 개개인은 각기 다른 성향을 지니고 있었다. 노동자라는 통일된 정체성으로 메꿔지지 않는 차이가 존재했다. 예를 들어 채월은 실을 뽑는 노동보다 노래를 할 때 행복했으며, 만자는 화려한 것을 좋아하고 꾸미는 것을 즐겼다. 책을 보고 글을 읽는 것을 좋아하는 경자는 몸을 움직여 노동하는 것이 익숙하지 않았다. 이들을 하나의 정체성으로 묶어내는 것 자체가 어쩌면 가능하지 않은 일이었을지도 모른다. 그만큼 모두에게 노동 규율이 강한 공장은 갑갑한 곳이었다. 이런 이들에게 '공산주의 교양'이니, '로동당의 불굴의 의지'니, '원쑤를 쳐부수기 위한 투쟁'과 같은 구호는 일방적인 압박일 뿐이었다.

천리마작업반운동은 더 전방위적으로 실행되고 있었다. 모두가 모여서 모범 노동자의 수기를 읽으며 학습하고, 강연과 토론 등을 통해서 집단주의적 의식과 태도를 미풍양속으로 치켜세웠다. 건실도 작업반장으로서 책임을 다하기 위해서 최선을 노력을 기울였다. 작업반 동료들의 상황에 대해서 충분히 이해하려 노력하면서 모두가 낙오되지 않도록 적절하게 관리하는 것에 치중했다. 물론 작업반 내에서는 지속적으로 문제가 발생했다. 지각, 결근 등은 물론이고 작업 중의 근무 태만이나 동료와의 갈등도 그녀가 매일 처리해야만 하는 일이었다.

당 차원의 적극적인 대중운동은 분명 생산력 증대에는 효과가 있었다. 인간개조와 사회주의적 도덕의 강조가 생산력에도 일정 부분 영향을 미쳤을 것이 분명했다. 그럼에도 북조선체제가 선전하듯이 당시의 노동자들이 공산주의 풍모를 지닌 노동자로 '개조'되는 것은 하루아침에 달성될 수 있는 일이 아니었다. 어쩌면 영원히 가능하지 않은 일일 수도 있다.

건실의 작업반은 '모범 작업반'이 되지 못했다. 온갖 문제와 실수가 발생하는 여느 작업반과 비슷했다. 생산량을 증대하려는 노력을 지속했지만 노동자들은 노동이나 생산 이면의 더욱 다층적인 일상을 언제나처럼 살아갔다. 물론 가난한 가정에서 태어난 젊은 여성들이 '일자리'를 갖게 되었다는 사실은 충분히 평가받을 만한 일이었다. 하지만 그녀들에게 제공된 '일자리'와 노임은 삶의 근본적 변화를 만들어내기에는 역부족이었다. 국가는 끊임없이 '원쑤와의 전쟁'이 언제라도 다시 시작될 수 있다는 위기감을 조성하면서 여성 노동자들의 희생을 강조했지만, 다양한 취향과 욕망 등이 들어차 있는 그들의 일상을 완전히 장악하지는 못했다. 무엇보다 '공산주의' '국가' '수령'은 호기심 많은 젊은 여성 노동자의 마음 깊은 곳까지 가닿지 못했다.

정금에게*

내 딸 정금아, 요즘 살림살이는 좀 어떠니? 아이들은 이제 다 컸지? 큰아이 군대 다녀오고 대학 졸업만 하면 그래도 한시름 놓지 않겠니? 둘째야 우리처럼 제사공장을 다니니 좋은 짝을 만나는 것만 고민하면 되겠지. 그동안 정말 고생 많았다. 그래도 지금은 먹고사는 문제가 예전보다는 나아진 것 같아서 다행이구나.

김정숙평양제사공장에서 직장장**으로 일하고 있다지? 너도 나와 같은 길을 걸어가게 될 줄은 몰랐다. 내 어머니의 마음도 이런 것이 아니었을까 싶다. 네가 그 어린 나이에 공장에 배치된 것을 알고 난 당과 지도부에 좀 섭섭하기도 했어. 대학을 보냈어야 했나 하는 생각도 들었고. 이게 다 나 때문인 것 같아서 마음이 많이 아팠어. 내

• 조선중앙텔레비전에서 특집으로 방영한 「천리마시대의 녀성영웅들: 인간개조의 선구자 길확실」 편에 김정숙평양제사공장에서 일하고 있는 그녀의 딸 한정금의 인터뷰가 담겼다.

•• 공장은 각 부문별 '직장'으로 구성되어 있으며, 직장 아래 여러개의 작업반들로 구성되어 있다. 그만큼 부문별 직장은 공장, 기업소의 부문별 생산단위, 방직공업 등 가공공업 부문에서는 제품의 생산 단계와 기술공정, 제품의 공통성 등을 감안하여 조직된다. 길확실의 딸은 현재 김정숙평양제사공장 내 '직장' 중 하나의 책임을 맡고 있는 것으로 확인된다.

가 천리마작업반운동 영웅이라며 그렇게 유명세만 타지 않았다면 네가 굳이 같은 공장에서 직장생활을 시작하지 않아도 되지 않았을까 생각했단다. 북조선체제에서는 누구의 자식이라는 것이 중요하게 작동하니, 너에게도 알게 모르게 압박이 되었을 게 분명해.

사실 난 '인간개조의 선구자'라는 칭송이 어색했어. 길건실이라는 이름이 어느날 갑자기 길확실로 바뀐 것도 어리둥절했단다. 모두들 내가 어떻게 작업반을 이끌었는지 토론하면서 나를 영웅으로 대접해주었지. 내가 열심히 일한 것은 사실이었지만 사람들이 말하는 것처럼 그렇게 혁신을 이뤄낸 것도 아니었거든. 작업반을 잘 이끌어야겠다는 다짐이나 의무감은 분명히 있었지만 사람들이 말하는 것처럼 그렇게 투철한 사명감으로 나를 희생하면서 작업반장 노릇을 한 것은 아니었어.

『천리마 작업반장의 수기』를 너도 읽어봤지? 직업동맹출판사에서 글을 의뢰받고 사실 고민이 많았단다. 내가 그렇게 대단한 사람도 아닌데, 글을 쓰는 것이 어색했다고나 할까. 그리고 어떤 내용을 담아내야 하는지도 고민이 많았어. 마음속의 고뇌나 어려움을 곧이곧대로 표현하는 것은 사회주의 전통과도 맞지 않는 것이잖니. 현실의 문제를 사실적으로 그려내면서도 혁명적 낙관주의를 담아내야 했던 거지. 아무리 어려운 일이 있더라고 결국 혁명적 의식과 행동으로 이겨내야 한다는 내용이 중심이 되어야만 했어. 그래서 고민 끝에 작업반에서 경험하고 있는 여러 문제의 근원을 모두가 서로 희생하면서 극복하는 구조로 수기를 작성한 거지.

수기가 나온 것이 1961년이었으니, 어느덧 60년도 넘어가는구나. 노동자들은 내 수기를 읽으면서 학습하고 토론했어. 문학 작가들이나 영화인들도 내 수기의 구조를 활용해서 소설을 쓰고, 시를 만들고, 영화를 찍었지. 수령님이 직접 나서서 내가 보여준 "천리마 작업반의 정신"을 치하했을 정도이니, 얼마나 감사한 일이니. 노력영웅이 된 것이 1980년이고, 수령님이 내려주신 훈장도 받았으니 내가 더이상 이룰 수 있는 것이 뭐가 있겠니.

알다시피 우리 공장은 전국에 모범이 되는 공장이란다. 전국에서 관심을 받았기 때문에 다른 공장에서는 하지 못하는 일을 반드시 해내야만 했어. 폐설물이나 부산물 등을 활용해서 생활필수품을 생산한 것도 다 우리 노동자들의 노력으로 가능했단다. 대단한 일이긴 하지. 실을 만들다가 못 쓰게 된 "원형 벨트와 벼짚" 등을 활용해서 생활용품까지 만들어냈으니 말이야. 뭐 하나도 허투루 쓰는 것이 없이 다양한 생활용품을 더 많이 생산해냈단다.[22] 자부심도 있지. 그럼, 그렇고말고. 우리가 생각해 낸 것이 하나씩 생산품으로 만들어질 때면 뿌듯한 생각 이 들었어. 몸은 힘이 들었지만 당이 요구하는 것보다 더 해냈을 때는 정말이지 뛸 듯이 기뻤단다.

그런데 정금아, 지금 와서 돌이켜보면 무엇을 위해서 그렇게 나를 몰아세우고 작업반의 다른 동지들을 못살게 굴었는지 모르겠어. 다들 정말 힘들어했거든. 밥이나 제 대로 먹으면서 일한 것도 아닌데 난 잠을 줄여가며 명주 실을 뽑으라고 그들을 다그쳤으니 말이야. 그때는 그게 옳은 것인 줄 굳게 믿었단다. 원망하는 작업반 동지들이 철이 없다고 생각했어.

난 너도 나처럼 살까 걱정이란다. 당과 수령님만 생각 하면서 솔선수범했지만 난 그저 작업반장이었어. 위에서 부터 내려오는 작업량을 군말 없이 달성해야만 하는 노 동자. 그게 나에게 주어진 유일한 역할이었고 의무였단 다. 당원이 되고 중앙위원회의 위원이 되기도 했지만, 모 두들 나에게는 여성 노동자를 관리하여 생산품을 만들어 내는 역할만을 기대했단다. 죽도록 일을 해도 내 삶은 달 라지지 않았어. 그래서 난 네가 국가가 배치해주는 공장 에서 의무만을 잔뜩 짊어진 채 살기보다는 조금은 다른 삶을 살기를 바랐단다.

내 수기에 등장했던 만자를 기억하니? 할머니 손에서 자란 까닭에 응석받이의 기질이 다분했던 그 아이. 집단주의적 의식이 다른 사람들에 비해서도 상당히 약했잖니. 자기가 하고 싶은 것은 꼭 해야 했고, 이쁘고 화려한 것을 좋아하고. 옷 욕심은 얼마나 많았던지. 또 남자에 대해서도 얼마나 호기심이 많았니? 그런 만자를 어떻게든 모범 작업반원으로 만들려 노력했지만 결국 만자는 오래 버티지 못했어. 만자가 어디로 사라졌는지 기억도 가물거릴 때쯤에 우연히 만자 소식을 들었단다. 공장을 나간 이후에 별다른 일자리 없이 지내다가 제대군인으로 사무원으로 일하던 사람과 사랑에 빠졌다지. 만자 집안이 별로 좋지 않아서 남자 집에서는 그리 탐탁하게 생각하지 않았었는데, 둘이 너무 좋아해서 결혼까지 했다고 하더구나. 만자가 눈썰미도 있고 솜씨도 좋아서 나름 자기 밥벌이를 하면서 행복하게 지낸다고 해.

그걸 보면 난 참 바보같이 산 것 같아. 아들 둘, 딸 하나를 낳고도 제대로 쉬지도 못하고 공장에 나갔으니 말이야. 출산휴가는 당연한 권리였는데도 그때는 작업반장이라는 사명감이 그렇게 무서웠단다. 너희를 키우면서도 온통 공장 생각만 하면서 살았으니 말이다. 고난의 행군 시기*가 가장 힘들었지. 작업반원들의 결근율은 높은데 위에서는 그런 상황을 감안해줄 리 없었으니. 사상이라는 것이 말이다, 밥이 안 나오니까 아무것도 아닌 거더라.

너도 길확실의 딸로 사는 것이 쉽지 않았을 거야. 모두들 너에게 나의 모습을 기대했을 테니 말이야. 너도 평생 생산량을 맞추기 위해서 허덕거리면서 살고 있겠지. 혹여나 작업반에 문제라도 생기면 사람들은 은연중에 너에게 일방적인 희생을 강요할 거야. 제대로 역할을 수행하지 못하면 넌 곧바로 더 큰 비판을 받곤 하겠지. 길확실의 딸이라면 좀더 특출한 모습을 보여줘야 하지 않겠냐며 당비서가 말했다고 했지? 주변에서도 그런 시선이 분명 있었을 거야. 공장이라도 제대로 돌아가면 좀 나을 텐데. 아무리 천리마의 정신으로 일한다고 하더라도 멈춘 공장을 무슨 수로 돌리겠니. 그나마 우리 공장이야 워낙 중요한 곳이니 완전히 멈추지는 않았다만 지방 공장들을 유지하려고 천리마 정신을 운운하는 것이 안타깝기까지 해. 결국 국가의 실패를 노동자에게 전가하는 것이니 말이다.

정금아, 공장에 너무 매달리지 않아도 된단다. 노임은

• 북조선에서는 1990년대에 최악의 경제난과 식량난을 경험하였다. 북조선체제는 이 시기를 '고난의 행군' 시기로 명명하면서 인민 스스로 자력갱생할 것을 주문하였다.

커녕 배급도 잘 나오지 않는 직장에서 버티지 못한 것은 너의 잘못이 아니야. 나처럼 후회하지 말고, 좀더 자유롭게 살렴. 난 가끔씩 내가 '영웅'으로 선택되지 않았다면 어땠을까 생각한단다. 모두가 우러러보는 일은 없었겠지만 그런 삶도 나쁘진 않았을 것 같아. 의무만 가득한 삶보다는 조금이라도 내 꿈과 권리를 생각하며 사는 것이 훨씬 더 나을 것 같아. 너도 이제는 자신을 속이는 일은 그만했으면 한다. 어찌 당과 국가, 수령님이 나보다, 내 가족보다 더 중요할 수 있겠니!

천리마 노동영웅 길확실[*]

천리마 노동영웅으로 잘 알려진 길확실(1937~?)은 평양제사공장에서 직장생활을 시작한 이후 1958년 10월에 작업반장이 되었다. 이후 1959년 5월 9일부터 천리마작업반운동[**]에 참가했다. 그녀의 희생과 노력으로 그녀가 담당하는 작업반은 '천리마 작업반' 칭호를 불과 두달 만에 받게 되었는데 이는 상당히 이례적이었다. 1960년에 열린 전국 천리마작업반운동 선구자 대회에 참가한 길확실은 자신의 작업반을 이끄는 것에 그치지 않고 공장 내에서 문제가 많았던 제5작업반으로 자진하여 배치된 후 문제의 작업반을 '천리마 작업반'으로 개조하였다고 연설했다. 그 당시 제5작업반은 생산율이 계획의 70퍼센트에 미치지 못했고, 출근율도 78퍼센트에 머물고 있었다. 길확실은 포기하지 않고 의식사

- 1937년에 태어난 길확실이 사망했는지 그리고 그렇다면 언제 사망했는지는 확인 불가능하다. 다만 최근에 나온 기록영화에서 길확실의 아들과 딸이 등장하여 그녀의 인생을 회고한 것을 감안해봤을 때 그녀는 이미 사망했을 가능성이 높다.
- 천리마운동과 천리마작업반운동을 구분 없이 해석하는 경향이 강하지만, 사실상 이 두 운동은 성격을 달리한다. 천리마운동은 전후 복구 시기에 대중동원을 통한 증산 및 주민동원 체제의 구축을 목적으로 한 것이라면, 천리마작업반운동은 생산 현장의 노동자와 기술자가 생산활동의 질적 제고를 이뤄내도록 하는 것을 목표로 진행된 운동이었다. 천리마운동이 1956년 12월 28일에 김일성이 강선제강소를 방문해 현지지도를 하면서 촉발된 것이라면, 천리마작업반운동은 1959년 3월 8일 강선제강소의 진응원작업반에 의해서 처음 시작된 작업반 기술혁신 운동이다. 천리마운동과 천리마작업반운동의 차이에 대해서는 강호제 「천리마작업반운동과 북한식 기술혁명: 천리마작업반운동에 대한 새로운 해석」, 『북한과학기술연구』 3집, 2005 참고.

업, 군중 문화사업, 정치사업 등을 통해서 제5작업반이 불과 몇개 월 만에 출근율 100퍼센트, 생산계획 달성률 140퍼센트에 이르게 했다.[23]

길확실은 1960년 3월 8일 국제부녀절(세계 여성의 날)에 김일성 수령을 만난 것으로도 잘 알려져 있다. 여성 노동자의 노고를 기리기 위해서 김일성이 직접 길확실을 찾아 그녀의 노력을 치하했다는 것이다. 길확실의 수기 『천리마 작업반장의 수기』는 1961년 직업동맹출판사에서 출간되어 많은 노동자들이 읽고 학습하는 교재로 활용되기도 했다. 천리마시대를 대표하는 노동영웅인 길확실은 지금까지도 북조선에서 '영웅'으로 해석된다. 길확실은 노동하는 여성의 전형으로 북조선 미디어에서 지속적으로 활용되고 있는데, 2020년 4월 27일에는 기록영화 「천리마시대의 녀성영웅들: 인간개조의 선구자 길확실」이 조선중앙텔레비전에서 방영되기도 했다. 이 영화에서는 길확실의 딸 한정금의 인터뷰가 소개되고 있고, 평양제사공장에서 일하고 있는 젊은 여성들이 길확실처럼 될 것을 다짐하고 있다고 보도했다. 그만큼 길확실이라는 '대중영웅'은 김일성 시대부터 김정은 시대까지 미디어와 문학예술을 통해 지속적으로 활용되는 것으로 보이며, 북조선에서는 그녀의 삶을 통해서 젊은 여성 노동자의 희생과 노동자의 이기주의와 개인주의를 '개조'해야 한다는 메시지를 강조하고 있다.[24]

앞의 글에서는 길확실의 수기에 나온 인물과 내용을 여성주의적 독해를 통해 재해석했다. 길확실의 어린 시절은 식민지 시기,

해방, 한국전쟁, 그리고 국가건설기가 중첩되어 있는 시기였는데, 길확실이 경험한 혼란과 두려움 등을 작가의 상상력을 통해 그려내고자 했다. 북조선에서의 길확실에 대한 서사적 혹은 영상적 재현은 그녀가 작업반장으로서 완결한 의식과 행위에 초점을 맞추고 있지만, 이 글은 전후 시기에 갑작스레 노동자로 내몰린 젊은 북조선 여성이 경험하는 내적 갈등에 주목했다.

2장
만자, 혜원

시장의 출현

만자가 평양제사공장에 배치된 것은 열여섯살이 막 지났을 때였다. 해방전쟁에서 부모를 여읜 만자는 그나마 운이 좋아 할머니 손에서 자랐다. 고아들이 수두룩하던 시기였다. 전쟁고아들을 김일성 수상이 직접 나서서 챙긴다고 공언하기는 했지만 그래도 피가 섞인 가족이 거두는 것과는 천지 차이였다. 할머니는 어린 만자가 안쓰러워서 먹을 것, 입을 것을 줄여가며 남 보란 듯이 곱게 키웠다. 그런 만자가 공장에 배치되었다는 소식을 듣고 할머니는 걱정이 많았다. 몸이 약한 것은 그렇다고 쳐도 집단생활을 하면서 높은 강도의 노동을 하기에는 만자가 모든 것에 미숙했기 때문이다.

이 시기 북조선 곳곳에는 증산의 열풍이 불어닥쳤다. 전쟁으로 노동력이 부족했던 북조선은 여성과 노인 같은 유휴노동력을 적극 활용했다. 하지만 그것도 부족해 결국 점점 더 어린 여성들을 생산 현장에 투입하게 되었다. "천리마의 속도로!" 어린 여성들이 공장으로 내몰렸다.

공장에서 만자는 골칫거리였다. 후에 천리마 작업반장으로 이름을 날린 길확실의 작업반이었음에도 불구하고 만자는 작업반에 녹아들어가지 못했다. 아침부터 밤까지 계속되는 노동과 일상을 옥죄는 규율이 만자에게는 체질적으로 맞지 않았다. 만자는 길거리를 쏘다니면서 사람 구경을 하거나 옷이나 장식품 등을 파는 상점을 돌아보는 것을 즐겼다. 사회주의 교양이 부족하다고 몰아세우는 이들이 많았지만 만자는 별로 괘념치 않았다. 이상하리만치 만자는 '교양'이니 하는 것들이 전혀 귀에 들어오지 않았고, 주변과 다른 생각을 갖고 있다는 것에 불안감을 느끼지도 않았다.

작업반에서의 질책이 점점 더 심해졌다. 자신 때문에 작업반이 생산목표량을 채우지 못한다는 얘기까지 들었다. 생산량을 두고 경쟁해야만 하는 상황에서 작업반 동료들의 힐난이 점차 심해져 갔다.

"만자 너는 어쩌면 그렇게 천하태평이니? 너 때문에 우리 작업반이 항상 생산량에서 꼴찌란 말이야."

"너 어젯밤에는 또 어딜 쏘다녔니? 보아하니 작업반장 눈을 피해서 또 나간 것 같던데. 너 때문에 우리 작업반이 모두 다 비판을 받게 생겼어."

만자는 노동영웅이니 생산투쟁이니 하는 말들이 다 우습게 느껴졌다. 노동에서 영웅이 되는 것이 뭐가 그리 좋은 일이란 말인지 도무지 이해가 되지 않았다. 오히려 만자는 주변에 크게 폐를 끼치는 것도 아닌데 자신의 일거수일투족에 참견하는 사람들이 이상하게 느껴지기까지 했다.

'도대체 뭐가 이렇게 관심이 많은 거야! 내가 뭘 하든 다들 왜 이리 난리지?'

공장을 계속 다니면 참견이 계속될 것은 뻔했다. 공장에 나가도 생산량이 너무 적어 동료보다 훨씬 더 적은 노임을 받고 있던 터였다. 만자는 공장을 그만두기로 결심했다. 길확실 작업반장이 여러번 찾아오기도 했지만 만자의 결심을 꺾지는 못했다. 무슨 대책이 있어서 만자가 공장을 나간 것은 아니었다. 직장을 그만두면 다른 곳으로 적을 옮겨야 하는데● 그것도 귀찮았다. 다행스럽게도 이 당시만 해도 공장에 적을 두고 일을 나가지 않는 노동자들에 대한 통제나 처벌이 상대적으로 덜했다. 규율 시스템이 아직은 촘촘하게 작동하지 않았던 터라 가능한 일이었다. 만자는 할머니 집에 살면서 소일거리를 하며 시간을 보냈다.

만자는 그림을 그리는 것도 좋아하고, 옷감을 가지고 이것저것 만드는 일도 즐겼다. 손으로 하는 것은 뭐든 자신이 있었다. 색감이 화려한 옷감을 어디선가 구하면 블라우스며 치마 같은 것을

● 북조선의 모든 인민은 조직생활을 해야 하는데, 소속된 조직 관련 문서의 줄임말로 '적'이라는 표현을 쓴다. 거주지역이 바뀌거나 직장이 바뀔 경우 "적(문서)을 떼서 붙인다"고 말한다.

만들어서 몰래 입어보는 것이 유일한 낙이었다. 그러던 어느날 만자는 보통강변에 나가 시간을 보내고 있었다. 평양의 젊은이들은 일을 마치거나 주말이 되면 강가에 모여서 놀곤 했다. 몇몇이 모여 불고기를 구워 술을 마시거나 돗자리를 펴놓고 주전부리를 먹으며 수다를 떠는 이들도 있었다. 얼굴에 분홍빛이 가득한 젊은 남녀가 서로 눈길을 마주치며 연애를 시작하기도 했다.

만자가 지금의 남편 홍철을 만난 곳도 여기였다. 친구들과 햇살을 즐기며 시간을 보내던 만자 무리에게 홍철과 그의 친구들이 먼저 말을 걸어왔다. 화려한 외모의 만자는 어디서든 눈에 띄었다. 그전에도 만자에게 관심을 보이는 청년들은 종종 있었다. 하지만 만자는 어쩐지 그런 남성들이 미덥지 않았다. 속이 차지 않은 이들은 말이 많기 마련인데, 길거리에서 만자에게 말을 걸 정도의 남성들은 바람이 잔뜩 들어가 있는 이들이 대부분이었기 때문이다.

대학생임을 나타내는 교복을 입은 남학생 한 무리에 홍철이 끼여 있었다. 홍철은 말이 적었지만 그렇다고 무심하지는 않았다. 만자를 슬쩍슬쩍 바라보지만 대놓고 호감을 표현하지는 않았다. 만자의 짧은 치마를 배려하려는 듯이 자신의 겉옷을 무심결에 건네는 행동으로 자신의 마음을 숨기지는 않았다. 그런 홍철이 좋았던 만자는 그의 곁에 바짝 다가가 앉아 이런저런 이야기를 쏟아냈다.

"제대군인인가요? 언제 제대한 거예요? 전 공장 다니다가 지금은 그냥 집에서 놀아요! 가끔씩 뭘 좀 만들어서 팔기도 하고."

"집에서 놀다니, 그렇게 살면……"

"뭐 돈이 나오는 것도 아니고, 다른 방도가 있을지 살피고 있어요."

재잘거리는 만자가 홍철은 싫지 않았다. 하지만 이제 막 군대를 마치고 대학에 다니고 있던 터라 결혼은커녕 연애를 할 여력도 없었다. 홍철의 머릿속에는 빨리 학교를 마치고 직장에 배치되어 당에 입당하겠다는 목표뿐이었다. 적극적인 쪽은 만자였다. 주변에서 특정한 직장에 적을 두지 않고 있던 만자를 상당히 귀찮게 하고 있었기 때문이다. 결혼한 여성은 녀성동맹의 일원으로 근근이 조직 활동을 하면서 지낼 수 있었지만, 소속 없이 지내는 청년은 인민반*이나 당 기관의 입장에서 거슬리는 존재가 분명했다. 검열과 통제가 조금씩 강화되는 것이 느껴지는 상황이었다.

그렇다고 만자가 결혼을 하기 위해서 홍철을 이용한 것은 아니었다. 만자는 조용하지만 책임감 있는 홍철에게 믿음이 갔다. 게다가 성분이 나쁘지 않은 홍철이 대학만 졸업한다면 꽤나 괜찮은 곳으로 배치될 가능성이 높다는 것도 만자의 마음이 기울게 했다.

"일과 마치고 여기서 다시 만나면 어때요?"

"밀린 학습도 해야 하고, 아무래도 시간이 많이 늦어질 것 같은

• 북조선 행정조직 중 가장 작은 단위이다. 남한의 통·반과 유사한 단위인데, 북조선에서는 인민반을 기준으로 20~40가구 정도가 조직되어 있으며, 거주지 중심의 매수 사업을 벌이거나 규율 지침 등을 하달하는 역할을 수행한다. 과거에는 인민반을 중심으로 한 규율체계가 조밀하게 작동했던 것으로 알려져 있으나, 시장화와 도시화가 진행되면서 과거와 같은 인민반의 결속력이나 통제력이 유지되지는 못하는 것으로 평가된다.

데……"

"그럼 내가 학교 근처로 갈게요. 우리 할머니한테 최고로 맛있는 곽밥*을 싸달라고 할 거예요. 같이 먹고 산책해요."

맑은 웃음을 띤 만자의 제안을 거절하기란 쉽지 않았다. 만자는 대책 없는 철부지 같은 모습을 보이다가도 어떤 순간에는 냉철한 현실적 판단을 하기도 하는 매력적인 여성이었다. 입당하는 것만 생각하던 홍철에게 군대와 관련된 직장을 배치받는 것이 더 중요한 것 아니냐는 말을 넌지시 건넬 수 있을 정도로 영민한 사람이기도 했다. 소문에 의하면 군수물품을 담당하는 제2경제위원회라는, 새롭게 만들어진 경제기관이 꽤나 힘이 있다고 했다.** 만자는 홍철에게 어떻게든 제2경제위원회에 들어가라고 용기를 북돋곤 했다. 성분이 좋았던 홍철이 적극적으로 노력한다면 충분히 가능한 일이기도 했다. 주변에 수소문을 해보니 군수물품을 담당하던 제2기계공업부가 최근에 제2경제위원회로 이름을 바꿔 더 많은 인력이 필요한 상황이기도 했다.

고지식한 홍철에게 현실적 감각을 일깨워줄 수 있는 이가 바로 만자였다. 만자의 적극적인 구애는 북조선에서는 낯선 것이 분명

• 도시락을 뜻하는 북조선식 표현이다.
•• 제2경제위원회는 북조선의 군수경제를 관할하는 기관으로 군수제품의 생산과 배급 및 군수제품과 관련한 대외무역을 관장하는 곳으로 알려져 있다. 1966년 10월 제2차 당대표자회의에서 군수공업의 중요성이 강조되고 곧이어 제2기계공업부가 신설되었다. 이후 1970년대 초반에 제2경제위원회로 이름이 바뀌며 군수산업 전반을 관할하는 기관으로 운영되기 시작했다. 「제2경제위원회」, 북한정보포털, nkinfo.unikorea.go.kr/nkp/term/viewNkKnwldgDicary. do?pageIndex=1&dicaryId=165 (접속: 2022년 7월 28일).

했다. 그 당시 대부분은 가족이나 친지, 직장 동료 등의 소개로 만나 결혼하는 것이 일반적이었다. 비슷한 성분이나 토대·배경의 젊은이들이 결혼하는 것이 당연하던 상황에서 부모를 일찍 여읜 고아이면서 내세울 것이 없는 만자가 홍철 정도의 성분과 배경을 가진 사람을 만나기란 쉽지 않았다. 그럼에도 둘은 점차 가까워졌고, 홍철 가족이 몇차례 결혼을 반대하는 곡절을 겪기는 했지만 결혼할 수 있었다.

*

만자의 소원대로 홍철은 군수물품을 조달, 배급하는 단위에서 직장생활을 시작하게 되었다. 북조선체제의 특성상 군대가 워낙 중요하기 때문에 홍철의 직장은 모두가 선망하는 곳이기도 했다. 홍철이 가용할 수 있는 자원도 상당했다. 직장에서 군복이며 군화 등을 생산하여 공급하는 과정에서 나오는 자투리 피복이나 천 등을 얻는 것은 일도 아니었기 때문이다. 당에 대한 충성심이 대단했던 홍철은 자신이 맡은 일을 성실하게 수행하면서도 가끔씩 눈에 띄지 않을 정도로 만자가 필요하다고 하는 물품 등을 구해다 주기도 했다. 홍철이 직장에서 조금씩 물자를 가지고 오는 정도는 오히려 정직한 축에 속하는 편이었다. 대부분의 동료들은 기름이나 쌀과 같이 군수물품 중에서도 핵심적인 것을 뒤로 빼돌리기도 했다.

꾸미는 것을 좋아하고 솜씨가 좋은 만자는 피복이나 천을 활용해서 옷이나 가방을 만들어 주변에 웃돈을 받고 파는 소일을 했다. 북조선에서는 결혼한 전업주부를 '가두여성'이라 불렀는데, 이들은 모두 녀성동맹에 소속되어 조직 활동을 한다. 주로 하는 일은 살림집 구역을 보살피는 것이지만 필요시에는 공장이나 건설 현장에 지원을 나가기도 한다. 아들과 딸 하나씩을 얻은 만자는 아이들이 어렸을 때는 여맹 활동이나 가내 부업 등에 적극적이지 않았다. 하지만 심심풀이로 만든 옷이나 가방을 주변에서 좋아하는 모습을 보면서 은근히 자부심을 느끼기도 했다.

만자가 부업에 본격적으로 나선 이유는 자아실현과 관련이 있었다. 직장생활을 꾸준히 하지 못했던 만자는 마음속 깊은 곳에 일종의 콤플렉스가 자리하고 있었다. 사회적으로 쓸모있는 존재가 아니라는 생각을 떨쳐내지 못했던 것이다. 당원인 남편과 함께 아이를 키우며 살면서도 뭔가 모르는 허전함이 있었다. 그녀의 솜씨가 알려지면 알려질수록 마음속에서 자부심 같은 것이 차올랐다. 만자는 더 열심히 옷과 가방을 만들었다. 새로운 스타일이나 디자인에 골몰하기도 했다. 함경북도 청진에서 일본 잡지를 구해 그 속의 제품과 비슷한 모양을 흉내내보기도 했다.

만자의 거실은 이제 평양의 멋쟁이들에게는 꽤나 알려진 곳이 되었다. 돈도 모였다. 주문이 밀려들 때면 만자는 동네에서 솜씨깨나 있다는 젊은 여자들을 불러서 함께 일하기도 했다. 행복한 시간들이었다. 남편의 직장은 탄탄했고, 노임과 배급도 나왔다. 아이들은 건강하게 잘 자랐다. 그러던 어느날 저녁 식사 자리에서 남편이 걱정스러운 말을 꺼냈다.

"요즘 지방은 배급이 잘 나가지 않고 있소. 정세가 좀 심상치 않소."

"그게 무슨 말이에요? 배급이 안 나오다니요?"

"평양은 아직은 괜찮지만 연선지방에서는 아우성들이라오. 식량이 부족하기도 하고, 물자가 뭐든 잘 돌아가지 않는 것 같아."

만자는 무슨 뜻인지 이해하기가 어려웠다. 하긴 최근에 옷을 사러 오는 사람들의 수가 좀 줄어들었다. 식량 배급이 며칠씩 늦어지는 경우도 있었다. 하지만 일상은 비슷하게 돌아가고 있었다.

"많이 안 좋은가요?"

"뭐 나라 살림살이가 빠듯했던 것이 하루 이틀도 아니고. 수령님 믿고 잘 따르면 그래도 방도가 있겠지."

홍철도 이제 몇년 있으면 은퇴할 나이였다. 학업을 마치고 이제 막 직장생활을 시작한 아이들만 결혼시킨다면 살림살이 걱정도 한결 나아질 터였다. 만자의 부업으로 모아둔 돈도 조금 있었다. 만자와 홍철은 편안한 노후가 기다리고 있으리라고 생각했다.

*

하지만 삶이 항상 계획대로만 되는 것은 아니다. 가족이 막아내기 어려운 풍파가 몰아닥쳤다. 점점 더 악화되던 경제 상황이 결국 파국으로 치닫는 결정적 계기는 김일성 수령의 사망이었다. 북조선사회가 수령을 중심으로 한 공동체를 지향해왔기에 그의 죽음은 단순히 정치지도자의 죽음 이상의 것이었다. 인민들은 슬픔에 빠져 갈피를 잡지 못했다. 하늘도 무심했던 것일까. 김일성 수령의 사망 이후 연이은 가뭄과 홍수로 경제 상황은 나락으로 떨어지고 말았다. 그나마 평양에서는 배급이 완전히 끊어지지는 않았지만 지방에서는 인민 모두가 각자도생하고 있다는 소식이 전해졌다. 안정적으로 생활하던 만자와 홍철도 상당한 경제적 어려움을 겪게 되었다. 당장 외상으로 물건을 가져간 사람들의 소식이 끊겼다. 인민반에서 가깝게 지내던 사람들 중에서 몇몇은 만자에게 빌린 돈을 갚지도 않고 소리 소문 없이 사라지기도 했다.

그나마 홍철의 직장은 아직은 탄탄했다. 군수경제는 김일성 수령의 죽음으로 인해 더욱 중요한 산업으로 부상했다. 하지만 은퇴할 나이가 가까워진 홍철은 직장에서 뒷방 노인이 된 지 오래였다. 모두가 먹고사는 일이 힘겨워진 상황에서 자리만 지키고 있는 사람 취급을 받는 홍철이 할 수 있는 것은 없었다. 결국 당장 식료품이나 필요한 생활비는 만자의 부업으로 겨우 마련해갔다.

위기는 기회를 만들어낸다고 하지 않았던가. '머리가 트인' 이들에게는 고난의 행군 시기가 오히려 부를 축적하고 자유를 얻은 시기라고 할 정도니 말이다. 먹고살 방도가 없는 상황에서 사회주의 혁명이니 당의 지침 등을 끌어안고 사는 모자란 사람을 '석끼'•라고 부를 정도로 세상이 급격하게 변해갔다.[25] 다행스럽게도 만자와 홍철에게는 '머리가 트인' 딸 혜원이 있었다. 혜원은 어머니의 솜씨와 아버지의 인맥을 활용할 방도를 빠르게 모색했다.

• 북조선 인민들이 일상에서 사용하는 속어로 세상 물정을 제대로 파악하지 못하는 고지식한 사람을 가리키는 말이다.

지금까지 만자는 아는 사람들에게 옷을 만들어 팔아왔다면 혜원은 본격적으로 작은 가내 의복공장을 세운 것이다. 이를 위해서는 옷감과 기타 필요 자재를 안정적으로 공급받는 것이 중요하고 동시에 판로가 명확해야 했다.

이제 20대 초반을 갓 지난 혜원은 평양창광옷공장에서 부기원*으로 일하고 있었다. 경제난이 본격화되자 옷공장의 가동률은 점점 더 떨어지고, 노동자들의 결근도 잦아지던 시점이었다. 혜원은 공장의 옷감을 집으로 가지고 와 옷으로 만들어서 시장에 팔기 시작했다. 배급이 나오지 않아 시장을 떠돌던 동료 노동자를 직접 고용하기도 했다. 북조선 정부는 이전에도 8·3 노동자**라고 해서 집에 있는 전업주부들이 공장에서 남은 자원을 활용하여 생필품을 만드는 것을 독려한 바 있다. 만자가 진두지휘하여 만든 옷이 시장에서 인기를 얻자 혜원은 대담해졌다. 공장 지배인과 직접 거래를 하여 공장에서 옷감을 직접 받아서 옷을 만들어 팔고 그만큼의 비용을 공장에 납부하는 방식으로 사업을 확장했다. 공장의 재봉틀 몇개도 싼값에 인수했다. 혜원이 시장에서 직접 판로를 개척하면서 만자의 옷이 평양 외곽 지역에도 유통되기 시작했다.

● 재정 사무를 맡아보는 이들을 가리키는 말이다.
●● 1984년 8월 3일에 김정일은 공장에서 나오는 폐자재와 부산물 등을 활용하여 인민소비품을 생산할 것을 독려하였고, 이를 기점으로 8·3 인민소비품창조운동이 실시되었다. 이후에 특별한 직장이나 조직에 소속되지 않은 노인이나 가정주부가 노동하여 생산하는 것을 8·3 인민소비품이라고 칭하게 되었다. 또한 특별한 소속 없이 생활제품을 생산하는 이들을 통상적으로 8·3 노동자로 칭한다.

그즈음 홍철이 다니던 직장에서는 홍철의 출근 여부를 따지지 않았다. 나이 들어 제대로 일을 하지 못하는 이들이 노임을 요구하는 대신 각자 밥벌이를 위해 시장을 전전하는 것을 암묵적으로 용인했다. 만자와 혜원의 일이 점차 규모가 커지자 홍철도 이들의 사업을 돕기 시작했다. 직장에서 알아둔 대외무역 네트워크와 연결하여 중국에서 헌 옷을 들여오기 시작했다. 옷을 만들어 파는 것도 이익이 상당했지만 가난한 대다수의 인민에게는 헌 옷이 더욱 인기였다. 홍철은 수백 킬로그램에 달하는 헌 옷을 들여와서 북조선 전역으로 유통시켰고, 그 과정에서 상당한 이익을 남겼다. 이제는 온 가족이 이 사업에 매달리기 시작했다. 아들은 여전히 직장의 통제가 심해 전적으로 사업에 나서지는 못했지만 시간이 날 때마다 아버지를 도왔다.

만자와 홍철의 사업이 운영될 수 있었던 것은 혜원의 역할이 컸다. 아무래도 나이가 있었던 만자와 홍철은 겁이 많았고 움직임도 느렸다. 하지만 젊은 혜원은 국가와 법을 무서워하지 않고 재빠르게 움직였다. 혜원 주변에는 시장에서 사업으로 잔뼈가 굵은 여성 사업가들도 상당히 많았다. 시장에서 상당한 자본을 모은 이들을 '전주' 혹은 '돈주'라고 부르는데, 대부분은 가족들을 먹여 살리기 위해서 장사에 뛰어들었다가 조금씩 자본을 모으면서 부를 축적하게 되었다. 작은 규모의 자본이 순식간에 더 큰 자본을 만들어냈다. 대부분의 북조선 사람들이 먹을 것이 없어 죽어나간다고 하던 때에 소수의 몇몇은 과거보다 훨씬 더 잘살게 된 것이다.

"아버지, 이번에는 옷 말고 전자제품이나 공사 현장에 필요한 자재 같은 것을 중국에서 들여오자고요. 그때 우리 집에 왔던 성진 언니 기억하지요? 그 언니는 이번에 살림집에 들어가는 유리를 들여와서 진짜 크게 한탕 했단 말입니다. 2경제 다니실 때 분명 그런 것 들여오던 선이 있을 거 아니오?"

"그게 점점 너무 커지는 것 아니냐? 나중에 보위부에 걸리기라도 하면……"

"아버지, 그런 것 무서워하면 뭘 할 수 있겠어요? 지금 다들 뭐든 들여와서 팔려고 난리인데, 언제까지 헌 옷이나 팔려고요. 힘만 들지 헌 옷은 이제 막 장사 시작한 사람들이나 판매하는 거라고요."

젊은 혜원의 용기는 점점 욕심으로 변하고 있었다. 혜원은 먹고사는 것으로는 만족되지 않았다. 성진 언니처럼 '사업가'가 되고 싶었다. 만자와 홍철은 그런 혜원이 불안했다. 둘은 그냥 먹고사는 것 걱정하지 않고 사는 정도로 만족했다. 그러던 어느날 혜원이 따르던 성진이 보위부 검열에 걸렸다는 소식이 전해졌다. 홍철이 알아본 바로는 성진의 뒤를 봐주던 보위부 간부가 더 많은 뇌물을 요구했지만 사업에 자신이 있었던 성진이 그 요구를 들어주지 않아서 문제가 불거졌다고 했다.

"그 성진이가 너무 과했어. 유리를 넘기고 새로 건설된 살림집 여러채를 넘겨달라고 했다가 그렇게 되었다는구나. 보위부가 보기에는 성진이가 너무 컸다고 생각했을 수도 있고."

"그럼 어떻게 되는 건가요? 언니를 풀려나게 해줄 방도는 없을까요?"

혜원은 어떻게든 방법을 찾고 싶었지만, 너무 윗선에서 성진을 치기로 한 것으로 보였다. 롤모델이었던 성진이 그렇게 되자 혜원은 장사를 더 크게 할 엄두가 나지 않았다. 모난 돌이 정을 맞는다고, 시장에서 튀는 사람들을 본보기로 국가는 힘을 과시했다.

*

시장에서 일을 하다보니 혜원의 나이는 20대 중반을 훌쩍 넘기게 되었다. 만자와 홍철은 혜원이 '노처녀'로 있는 것이 마음이 쓰일 수밖에 없었다. 사업 수완이 좋은 혜원이 결혼하면 만자와 홍철은 당장 살림살이가 팍팍해지겠지만, 그렇다고 나이가 꽉 찬 딸아이를 언제까지 곁에 둘 수도 없는 노릇이었다. 주변에서 혜원을 탐내는 이들도 몇 있었다. 하지만 혜원은 결혼에 별생각이 없었다. 성진의 일이 여전히 혜원의 마음속에 남아 있었다. 그럼에도 만약 결혼을 하게 된다면 보위부나 보안서에서 일하는 법일꾼*과 해서 좌절된 자신의 꿈을 펼치고 싶었다. 시장화가 진행되면서 법일꾼이 여성들 사이에서 인기가 높아졌다. 촘촘하게 구축된 뇌물경제에서 시장이 확대되면 될수록 시장세력과 적절하게

---

* 남한의 경찰 역할을 하는 사회보안서와 정보기관 역할을 수행하는 국가안전보위부를 인민들은 줄여서 보안서와 보위부라고 말한다. 2016년부터는 정식 명칭이 사회보안성과 국가안전보위성으로 바뀌었다. 체제 유지와 사회 규율의 역할을 수행하는 이러한 기관에서 일하는 이들을 통칭해서 '법일꾼'이라고 칭한다.

결탁하여 자신의 부를 축적하는 법일꾼이 늘어날 수밖에 없는 구
조였다. 게다가 법일꾼은 당의 대우가 좋기도 했고 권력이 상당
해서 먹고살기가 훨씬 더 수월했다. 당원이라는 신분까지 있다면
더할 나위 없이 좋았다.

혜원이 소개받은 광진은 보안원*이었다. 광진은 토대도 좋아
서 앞길도 탄탄대로였다. 다만 돈이 그리 많지 않아 결혼 살림살
이 대부분은 혜원이 맡아서 마련해야 하는 점이 아쉬웠다. 이미
세태가 바뀌어서 보안원과 결혼하려면 살림집이며 집안 살림살
이를 여자 쪽에서 다 해가야 한다는 말이 파다한 상황이었다. 문
제는 광진이 배치된 보안서가 평양이 아닌 평안남도 평성이라는
점이었다. '혁명의 수도'인 평양에 산다는 것은 특권이자 경제적
으로 안정적인 삶을 의미했다. 평양에 살다가 다른 곳으로 이사
하는 경우는 찾아보기 힘들었다. 하지만 혜원은 평성에 정착하
는 것이 나쁘지 않다고 생각했다. 예로부터 평성은 동서와 남북
을 잇는 교통의 요지로 물류의 거점이 되는 곳이었기 때문이다.
장마당 경험이 있는 혜원은 평성에서 전국 단위의 장사를 도모할
포부도 있었다. 고난의 행군이 막바지로 향하던 시점이었다. 혜원
과 광진은 평성에서 새로운 삶을 시작했다.

• 사회보안서에서 경찰의 역할을 하는 이들을 보안원이라고 한다.

평성에서의 삶

보안원의 노임은 보잘것없었다. 하지만 시장화가 급격하게 진행되면서 소위 비사회주의 행태가 늘어나자 보안원이 해야 할 일도 많아졌다. 적발하여 처벌할 일이 늘어난다는 것은 그만큼 보안원이 "먹을 알"이 많아진다는 것을 의미한다. 시장에서 장사를 하는 이들의 편의를 봐주는 댓가로 받는 돈이나 물품으로 풍요롭게 살수 있다는 뜻이다. 장사 규모가 큰 장사꾼이 많아질수록 오가는 돈의 단위도 달라진다. 물론 말단 보안원은 큰 장사꾼을 상대하기 어렵다. 적어도 보안서장 정도는 되어야 큰 장사꾼이 관리대상이 되기 때문이다.

혜원은 처음부터 장사를 할 요량이었다. 부기원 적을 떼서* 평성의 다른 직장에서 일을 할 수도 있었지만, 제대로 장사하기 위해서는 전업주부가 훨씬 더 유리했다. 광진은 장사에 적극적인 혜원과 결혼한 것이 참 다행이라 생각했다. 당에 충성하며 사는 것만으로는 부족한 시대가 되었기 때문이다. 예전과는 다르게 최근에는 돈 없이는 당이나 상부로부터 인정받기도 힘들었다. 돈이면 안 되는 것이 없는 시대가 온 것이다.

평성은 1980년대 말까지만 해도 평양의 위성도시로서 자급자족이 가능하지 않은 도시에 불과했다. 하지만 고난의 행군이 끝

• 공장에서 자금 담당 일(부기)을 하다가 다른 직장으로 소속을 바꾸는 것을 뜻한다. 북조선에서는 소속이 바뀔 경우에는 관련 문서를 새로 옮겨간 직장으로 이관해야 하는데 이를 통상적으로 '적을 떼서 붙인다'고 표현한다.

나고 난 이후에 상업시장이 발전하게 되면서 평양에 모이는 도매 물류 가운데서 소비품이 평성으로 집결되어 전국으로 유통, 거래 되기 시작했다. 물류가 모인다는 것은 그만큼 인구의 유입이 활발해진다는 뜻이었다. 돈 냄새를 맡은 타지인들이 1천 달러 정도의 뇌물을 주고서라도 평성의 거주증을 받으려 했다.[26]

사람들이 몰려드는 평성에 배치받은 것은 광진과 혜원에게는 운이 좋은 일이었다. 본격적으로 장사에 나설 수 있기 때문이었다. 평성이 낯설었던 혜원은 시장을 돌아다니면서 사업물품을 꼼꼼하게 살폈다. 북조선에서 가장 큰 규모를 자랑하는 평성 시장이었지만,[27] 혜원이 매대를 얻어 장사를 시작하기는 어려웠다. 자릿세도 상당했지만 더 큰 문제는 혜원의 나이 때문이었다. 북조선은 시장 매대에서 장사를 하는 사람을 50세 이상의 여성으로 제한하고 있었다.

혜원은 매대에서 일할 사람을 구하고 자신은 뒤에서 물건의 유통을 도맡아 하는 방식으로 사업을 시작했다. 소매와 도매를 함께 하는 이들은 찾기 힘들었는데, 혜원은 소매 매대로는 성에 차지 않았다. 품목은 옷이나 신발이 대부분이었고, 때때로 장신구를 취급하기도 했다. 평양에서의 경험이 큰 도움이 되었다. 초반에는 평양에서 생산된 옷이나 신발을 다른 지역으로 넘기는 일을 했다. 하지만 국내에서 생산되는 제품은 품질도 좋지 않고 수익도 낮은 수준이었다. 그래서 혜원은 아버지의 무역선을 활용해서 평안북도 신의주나 량강도 혜산에서 중국산 옷을 수입하여 유통하는 사업을 시작했다. 중국 옷을 수입하는 무역업자에게서 옷을 대량으로 받아서 평양, 해주, 남포, 사리원, 원산에서 온 소매상들에게 넘기는 일이었다. 평성이 물류의 중심이 될 수 있었던 이유는 평양의 배후 도시로서 상당한 시장 수요가 있기 때문이었다. 평양에서 온 상인들은 새벽 일찍 평성으로 들어와 상품 등을 구해 당일에 평양 시내 시장의 매대에서 판매하곤 했다.[28]

중국산 옷은 인기가 있었다. 시장화가 확산되면서 돈을 가진 중산층이 많아졌고, 외국에서 생산된 옷이나 장신구에 대한 수요가 상당했다. 평양의 중산층에게 인기 있는 제품을 구해서 유통시키는 것이 무엇보다 중요했다. 남한의 대중문화가 유통되면서 남한에서 유행하는 스타일의 제품이 날개 돋친 듯 팔려나가기도 했다. 문제는 옷장사의 이윤이 생각보다 높지 않다는 데 있었다. 물론 중국산에 몰래 섞어 남한 옷을 들여오면 돈깨나 있는 사람들이 웃돈을 주고 구입하곤 했지만 대부분은 싸구려 옷이었다. 원가가 낮다는 것은 그만큼 이윤이 낮다는 뜻이기도 했다.

*

혜원은 조금 더 이윤이 높은 일을 찾아야겠다고 생각했다. 물류의 유통이 활발히 진행된다는 것은 결국 트럭과 자동차가 더 많이 운용된다는 것을 뜻했다. 당장 자동차를 살 자본은 없었던 혜원은 기름장사에 손을 대야겠다고 생각했다. 자동차에 쓰이는 휘발유나 디젤 등을 연유공급소˙에서 직접 구해서 장마당에서 팔면 이윤을 많이 남길 수 있었다. 이미 장마당에서 거래되는 기름

판매소는 평성에도 여러곳이 있었으므로, 문제는 혜원이 연유공급소의 간부에게 어떻게 선을 연결하느냐였다. 어차피 연유공급소의 간부는 재활용 기름을 섞거나 내용물을 부풀리는 방식으로 돈벌이를 하고 있는 상황이었다. 이들에게 기름을 받아오기 위해서는 더 높은 가격을 제시하는 방법밖에는 없었다.[29]

혜원은 남편의 인맥을 활용하여 연유공급소 간부와 안면을 텄다. 그가 빼돌리는 기름을 자신에게 넘길 것을 요구하면서, 지금보다 돈을 더 챙겨주겠다고 약속했다. 그 대신 매달 적어도 세 드럼통 정도는 넘겨줄 것을 요구했다. 그 정도 물량은 있어야 단골을 잡아놓을 수 있었기 때문이다. 혜원은 장마당 한편에 기름통을 들여놓고 장사를 본격적으로 시작했다. 여느 곳과는 다르게 양심적으로 재활용 기름을 적게 섞었고, 양을 속이지도 않았다. 기름의 질이 좋다는 것을 가장 먼저 아는 것은 바로 자동차이고, 운전사였다. 점점 더 많은 운전사들이 혜원을 찾아 기름을 사 갔다. 지금까지 그토록 무거운 옷을 운반하며 번 돈의 수십배, 아니 적어도 백배는 되는 돈이 혜원과 광진에게 들어오기 시작했다.

돈을 번 혜원은 집안 살림을 모두 다 바꾸었다. 전기를 편안하게 쓰기 위해서 큰 용량의 배터리를 장만했고, 태양광 전기 패널도 지붕에 매달았다. 남한에서 유행한다는 밥가마를 큰돈을 주고 들여놓고, 냉장고와 세탁기 그리고 정수기도 샀다. 아들 공부에 필요할 것 같아 컴퓨터도 얼마 전에 장만했다. 아무리 돈이 많아

● 국영주유소를 뜻하는 북조선의 용어이다.

도 남들 눈이 무서워 집안 살림을 바꾸는 것 정도로 만족해야 했다. 아들 공부를 위해서 가정교사도 따로 고용했다. 요즘은 외국어 능력이 중요하다고 해서 중국어와 영어를 가르쳐줄 선생님도 매주 한번씩 집으로 오도록 했다. 그렇다고 흥청망청 소비만 한 것은 아니다. 남편 직장에 문제없도록 보안서장에게 때때마다 뇌물을 바쳤다. 보안서장뿐 아니라 보위부장, 인민반장과 당비서까지 챙길 사람이 한둘이 아니었다. 그래도 혜원은 충분히 넉넉하게 살 수 있었고, 가족 모두 행복했다.

그런 혜원에게 어려움이 없는 것은 아니었다. 시장에서 장사를 한다는 것은 결국 국가의 통제나 규율을 어겨야만 가능한 부분이 있었다. 중국과 무역을 하는 것도 그렇고 국가의 기름을 빼돌려 시장에서 유통하는 것은 법일꾼의 묵인이나 비호 없이는 불가능했다. 그만큼 혜원이 사업 수완을 발휘하려면 남편 광진의 지원이 절대적으로 중요했다. 남편이 보안원이기 때문에 연유공급소의 기름을 안전하게 받아올 수 있었고, 전국 각지를 돌아다니는 운전사에게도 신뢰를 줄 수 있었다. 가끔씩 연유공급소의 지배인이 딴생각을 하기도 했다. 더 나은 도매상이 나타나기도 했을 터이고, 누군가는 뇌물을 들고 지배인과 거래를 시작하려 노력하기도 했다. 하지만 혜원은 크게 걱정하지 않았다. 보안원인 광진의 존재만으로도 아무도 혜원을 쉽게 대하지 못했다. 북조선의 시장화는 단순히 장사를 하는 신흥 중산층에 의한 것이 아니었다. 장사꾼과 국가 공무원들의 결탁이 결정적인 역할을 했다.

암시장부터 시작된 북조선의 시장은 무법천지였다. 시장에

서 잔뼈가 굵은 사람들은 각자 뒷배를 봐주는 법일꾼 하나 정도
는 있을 정도였으니 말이다. 후원자 역할을 하는 법일꾼의 지위
가 높으면 높을수록 안전하지만 동시에 그들을 상당한 뇌물로 관
리해야 하는 어려움도 있었다. 혜원처럼 법일꾼이 남편인 경우가
가장 안정적인 경제 모델이었다. 후견인의 권력이 강할수록 시장
에서 더욱 큰 자본을 축적할 수 있는 부조리한 경제구조가 북조
선 시장화의 민낯이다.[30] 광진은 혜원이 기름을 안정적으로 공급
받는 데 결정적인 역할을 했으며, 기름을 되팔 때도 제대로 된 가
격을 받을 수 있도록 무언의 압력을 행사했다. 광진과 혜원은 마
치 사업 파트너와 같은 모습으로 협업을 하고 있었다.

혜원의 사업이 번창할수록 주변에 시기하는 이들도 많았다. 광
진의 존재가 드러날 경우 누군가가 부정부패한 관리로 고발할 위
험성도 있었다. 남들의 눈에 지나치게 거슬리지 않으면서도 적절
하게 장사를 하는 그 적정선을 유지하는 것이 중요했다. 하지만
사람의 욕심이란 끝이 없는 법이다. 혜원은 이윤을 더 남기기 위
해서 주변의 원성을 사는 일을 서슴지 않았다.

"다 아는 처지에 이번에 기름에 뭐 섞었지? 자꾸 이러면 문제가
커질 줄 알라고!"

"무슨 소리요. 내가 언제 그랬다고. 지금 연유 공급이 늦어져서
내가 좀 바쁜 것뿐이오."

"우리 애 아버지가 알면 어떻게 되는지 알면서 이러니? 네가 중
간에서 빼돌린 것 내가 모를 줄 아니?"

돈이란 그런 것이다. 결코 적당함이라는 것이 없다.

＊

　북조선의 경제는 이제 시장 없이는 작동하지 않게 되었다. 공
식 경제에는 남성들이 주로 배치되어 있다면 시장과 같은 상업활
동이나 비공식 경제에는 여성, 그중에서도 결혼한 여성들이 적극
적으로 참여하게 되었다. 시장이 점차 중요해지자 북조선의 상층
부는 이를 규율할 필요성에 직면했다. 공식과 비공식 경제가 지
나치게 이원화되어 작동하면 국가경제의 근간이 흔들릴 가능성
도 있기 때문이었다. 시장세력이 보유한 자본을 국가가 회수하는
것이 무엇보다 중요했다. 그래서 시행된 것이 바로 2009년의 화
폐개혁이었다.

　화폐의 가치는 갑작스럽게 100분의 1이 되었다.[31] 인민들은 하
루아침에 구권 100원을 신권 1원으로 교환해야 했다. 개인당 5만
원, 가구당 20만원이라는 한도까지 있었다. 돈이 휴지조각이 된
것이다. 일개 보안원이었던 광진은 화폐개혁이 실시된다는 사실
을 알 리가 없었다. 혜원이 지금까지 밤잠 줄여가면서 모은 돈이
순식간에 사라져버렸다. 당비서와 보안서장에게 아무리 애원을
해봐도 화폐개혁을 피해 갈 방법을 찾기 어려웠다. 그동안 뇌물
을 받으며 편의를 봐줬던 간부들도 화폐개혁으로 곤란해지기는
마찬가지였다.

　"이게 무슨 일이오. 돈을 조금이라도 더 교환할 방법이 없는 거
요?"

울부짖는 혜원에게 광진은 어떤 말도 하지 못했다.

"내 아무리 윗선에 알아봐도 다들 꼼짝도 하지 않아. 아무래도 방도가 없을 것 같아."

"그럼 우리가 지금까지 피땀 흘려 모은 이 돈. 이 돈이 다 아무것도 아니란 말이오? 시장에 돈장사하는 이에게라도 어찌 안 되겠소? 세상에 이런 법이 어디 있소. 아무리 나라가 맘대로 한다고 해도 세상에 이런 법이……"

화폐개혁과 함께 진행된 외화사용 금지 조치와 종합시장 폐쇄 조치는 북조선 인민들의 직접적인 반발을 일으키기에 충분했다. 국가에서는 보안서와 보위부를 앞세워 외화를 보유하고 있는 돈주들의 집을 검열했고, 종합시장을 폐쇄하기도 했던 것이다. 여기저기서 아우성이었다. 결국 시장 폐쇄 조치는 일주일도 지나지 않아 곧 철회되었지만, 시장에 기대어 살아갔던 사람들에게는 국가가 언제든 자신들의 삶을 송두리째 흔들 수 있다는 두려움이 자리잡게 했다. 어쩌면 국가는 이를 노렸을지도 모르겠다. 시장에서 아무리 돈을 벌어 산다고 해도, 그들의 모든 것을 국가가 마음만 먹으면 하루아침에 빼앗을 수 있음을 공공연하게 전시한 효과가 만들어진 것이다.

혜원은 이대로 살 수는 없었다. 며칠 밤을 끙끙 앓다가 겨우 정신을 차렸다. 화폐개혁 조치가 시행되면서 검열과 통제도 심해져 버렸다. 남편도 더이상 대놓고 기름장사 뒷배를 봐주지 못했다. 잘못하다가는 모두가 다 꼼짝없이 곤경에 처할 판이었다. 혜원은 뭐라도 해야 할 것 같았다. 무엇보다 자신에게는 부양해야 할 자식이 있었다. 장사를 하면서 바쁘다는 핑계로 제대로 건사하지 못했지만 누가 뭐라고 해도 금쪽같은 아들이었다. 부족한 것 없이 자란 탓에 약하기만 한 아들이기도 했다. 혜원은 아들을 제대로 교육시켜 좋은 직장을 구하게 하려면 재기를 해야만 했다. 방법은 그리 많이 남아 있지 않았다. 자신과 무역을 했던 중국의 대방*을 찾아서 새로운 사업을 도모하는 것이 가장 빠르게 손해를 회복하는 방법이었다.

광진은 절대로 허락할 수가 없었다. 아무리 사람들이 불법 월경을 한다고 해도 보안원의 부인이 중국으로 넘어간다는 것은 있을 수 없는 일이었다. 혹여나 혜원이 돌아오지 못한다면 자신에게도, 그리고 그토록 애지중지하는 아들의 미래에도 큰 문제가 생길 것이 분명했다. 지금까지 혜원의 수완 덕에 넉넉하게 살 수 있었지만 그녀의 포기를 모르는 성격 탓에 광진의 인생이 완전히 망가질 수도 있을 터였다.

북조선에 남아서 하루하루 근근이 살아갈 것인지, 아니면 그 모든 위험을 무릅쓰고 한번 더 도약을 꿈꿔야 할 것인지. 선택은 혜원에게 달려 있었다.

결국 혜원은 중국으로 떠났다.

• 북조선 상인들과 무역을 하는 중국 측 상대방을 뜻하는 표현이다. 통상적으로 중국 무역업자라는 뜻으로 쓰인다.

아들아!

오래 걸리지는 않을 거야. 널 두고 떠나는 것이 아니란
다. 딱 한달만 지나면 이 어머니가 다시 돌아와 있을 거야.

네가 언제나 반듯한 모습으로 잘 커줘서 어머니는 얼
마나 고마운지 모른단다. 어머니가 장사한다고 집을 비
운 일도 많고, 항상 바빠 제대로 챙겨주지도 못했는데. 넌
정말이지 잘 커줬어.

너도 알다시피 화폐개혁이라는 것 때문에 우리는 가난
해졌어. 기름장사도 이제 예전 같지 않다. 서슬 퍼런 검열
의 눈을 피해서 연유를 공급받기는 아마 당분간은 쉽지
않을 것 같아. 설혹 다시 시작하려 해도 돈이 필요한데,
지금까지 모아둔 돈이 다 사라져버린 상황이란다. 이제
우리는 당장 끼니를 걱정해야 하는 지경에 이르게 된 거
야. 그 돈은 우리 가족의 밥이고, 옷이고, 그리고 집이었
어. 무엇보다 그 돈은 우리 모두의 미래였어.

난 그걸로 널 평양 최고의 대학까지 보낼 생각이었단
다. 우리야 가난한 시절에 공부를 했던 까닭에 대학에 가
지 못했잖니. 그래서 나는 공장에서 직장생활을 시작해
야 했고, 네 아버지도 보안서에서 온갖 잡일을 하면서 지
금까지 살아왔단다. 너는 남 보란 듯이 최고의 교육을 받

고 평양에서 당당하게 지냈으면 했어. 난 그렇게 널 교육시킬 자신이 있었어. 예전 같지 않아서 이제 돈만 있으면 최고의 대학에 너를 보내는 것은 그리 어려운 일이 아니야. 그 목표를 조금만 더 고생하면 이룰 참이었는데, 그 목전에 우리 가족에게 이런 시련이 왔단다.

옆집 경자 아주머니 알지? 그이도 모은 돈 대부분을 다 날렸어. 경자는 가전제품 하나 사지 않고 다 돈으로 가지고 있었다지. 집안 곳곳에 돈을 쌓아두었고, 심지어 이불 솜 안에도 돈을 넣어두었다고 하더라. 악착같이 모아서 중국에서 중고 트럭을 여러대 들여올 계획이었대. 음식 먹는 것까지 아껴가며 모았다는데, 그게 다 종잇조각이 된 거지. 경자는 며칠 동안 정신 나간 사람처럼 있더니 가족까지 다 같이 연기처럼 사라져버렸어. 내 생각에는 중국으로 간 게 분명해. 정이 떨어질 만도 하지. 당장 돈이 없어진 것 때문에도 그렇지만 앞으로 또 이런 일이 계속 반복될 것이라는 생각으로 아마 견디지 못했을 거야.

그래도 포기할 수는 없잖니. 지금 당장은 나라에서 난리를 치지만 곧 조금씩 장삿거리들이 생길 거야. 그때를 준비하기 위해서는 돈이 필요하단다. 그래서 어머니는 떠나야만 해. 중국에서 돈을 벌어오거나 아니면 중국 쪽 무역선이라도 제대로 하나 가지고 들어오는 수밖에 없어. 굳이 위험을 무릅쓰고 이 어미가 국경을 넘는 이유는 너에게는 다른 삶을 만들어주고 싶어서란다. 물론 나도 다시 궁핍하게 살 자신이 없구나. 내 힘으로 여기까지 온 것처럼 다시금 내 손으로 일떠서야겠어.

네 아버지는 그냥 평범하게 살자고 그러더구나. 산 입에 거미줄이야 치겠냐는 거지. 항상 내가 나서서 돈을 벌어왔으니 아버지는 우리 살림살이를 잘 몰라. 그러니 자기 노임으로 살아보자는 말을 쉽게 하지. 보안원 노임으로는 쌀 1킬로그램도 사지 못한다는 것을 모르는 거야. 다 내가 잠 안 자고 발이 부르트도록 돌아다니면서 장사를 해서 우리가 밥걱정 안 하면서 살았던 거란다. 물론 쌀이 없어서 굶는 사람도 널려 있으니, 아버지가 든든한 직장이 있다는 것만으로 감사해야 할는지도 모르겠다.

주변의 살림살이도 비슷해. 다 여자들이 시장에 나서서 겨우 살고 있단다. 남자들은 당이 하라는 대로 직장에 나가야 하니 특별히 방도를 찾기 어려웠던 거지. 여자들 중에서도 어떤 이들은 세상 변하는 줄 모르고 손놓고 있다가 집안 살림이 다 거덜나는 경우도 있지. 하지만 대부분의 북조선 여성들은 집안 경제를 기꺼이 맡아서 최선을 다하고 있는 것 같아. 머리 트인 여자들이 없었다면 북조선 사람들은 다 죽었을 거라고 하잖니. 뭐 사실 여자들이라고 시장을 전전하면서 그렇게 살고 싶었겠니. 먹고 살려면 그것밖에는 방도가 없으니, 사실 시장으로 내몰렸다고 하는 것이 더 적절한 말일지도 모르겠어.

물론 이런 얘기를 네 아버지가 들으면 섭섭해할지도 모르겠다. 아버지가 내 장사를 여러모로 도와준 것도 사실이니까 말이야. 하지만 주변 눈치 보랴, 체면 생각하랴 아버지는 항상 멀찌감치 떨어져 있었어. 나는 그럴 수가 없었어. 당장 널 제대로 키우기 위해서라도 내가 더 돈을 벌어야 했거든. 창피한 것도 없었어. 조금이라도 돈을 더 벌려고 사람들과 악다구니 치며, 몸싸움도 두려워하지 않고 그렇게 지금까지 살아온 거야.

나도 국경을 넘어서 당장 뭘 어떻게 해야 할지 감이 잡히지 않는단다. 그나마 나와 오랫동안 거래했던 조선족 대방이 흔쾌히 나오라고 하니, 일단 그 사람을 찾아가볼 요량이다. 좋은 장삿거리가 있으면 그걸 가지고 들어와서 다시 재기하면 될 거야. 그것도 여의치 않으면 거기서 어떻게든 장사 밑천을 마련해보려고 해. 아무래도 여기보다는 노임이 높으니 꾹 참고 일하면 다시 장사 종잣돈을 마련할 수 있을 거야. 소나기가 내릴 때는 잠시 피해 가라고 하지 않니? 시장 단속이 심한 지금, 잠깐 떠나 있는 것도 괜찮을 거야.

공부만 열심히 하고 있어라. 아버지 속 썩이지 말고.

혹여나 아버지가 너무 기운 없어하면 네가 힘이 되어 드리렴. 넌 날 닮아서 분명 잘 견딜 거라 믿는다.

금방 다녀올게.

설송아의 단편소설 「진옥이」와 「제대군인」[32]

    고난의 행군 이후에 본격화된 시장화 과정에서 주요 행위자는 여성이었다. 특히 결혼한 여성들은 당장 가정경제를 책임지는 역할에 내몰리게 되었다. 북조선 여성들이 시장에서 분투한 이야기는 그들과의 심층면접에서 공통적으로 등장하는 것이기도 하다. 또한 탈북민 소설가인 설송아는 북조선 여성들의 시장화 경험을 젠더와 섹슈얼리티의 맥락에서 그려내는 작품을 발표한 바 있다. 그중에서도 단편 「진옥이」(2015)는 일급기업소인 화학공장의 간부이자 후에 시아버지가 되는 사람에게 성적 착취를 당하던 여성 주인공 진옥이 연유장사를 시작하면서 경제적인 부를 축적하는 과정을 그려내고 있다. 성폭력에 상시적으로 노출되었던 진옥은 점차 자신의 섹슈얼리티를 자원으로 활용하여 시장에서 큰 성공을 거두게 된다. 예상치 못한 임신으로 위기에 처한 진옥은 아이를 포기하고 장사를 선택하는 것으로 소설은 끝이 난다.

    설송아는 단편소설 「진옥이」에서 믿어지지 않을 만큼 엄청난 성폭력에 노출되어 있는 북조선 여성의 처절한 삶을 다루면서도, 자신의 욕망을 우선시하는 강한 북조선 여성의 모습을 그려냈다. 그만큼 시장화의 파고 속에서 북조선 여성들은 '이악함'•으로 대변되는 생존주의적 의식과 실천을 체현하게 되었는데, 설송아의

• 자신의 이익을 위하여 지나치게 아득바득하는 태도를 뜻하는 표현으로, 북조선 인민들은 생활력 강한 여성들에게 '이악스럽다'는 표현을 일반적으로 쓰고 있다.

소설에 등장하는 이악한 북조선 여성은 국가의 통제와 남성의 폭력을 뛰어넘는 존재로 형상화된다.[33]

또다른 단편소설 「제대군인」(2017)에서는 남성 주인공 철령이 시장 경제활동에 나서는 모습을 그린다. 도매소 운수지도원으로 남부럽지 않게 살던 철령의 가족은 그가 군대에 간 사이에 몰락하고 만다. 아버지가 사고로 몸을 다치고 난 이후에 가족에게 짐이 될까 자살하면서 온 가족이 가난해진 것이다. 군대에서 돌아온 철령은 생활고에 힘겨워하다가 돈을 벌기 위해 다시 군복을 입고 돈이 될 만한 것을 훔치기 시작한다. 훔친 물건은 우연히 만난 적이 있었던 중년의 돈주 화순에게 팔아서 돈을 벌게 된다. 그녀와 사랑하는 사이가 되었지만 군수물자를 훔치다가 결국 목숨을 잃게 되는 이야기이다. 흥미로운 것은 철령이 물품을 훔쳐오는 일을 했지만 이것을 실제로 유통하고 판매하는 일은 여성이 맡아서 한다는 사실이다. 철령이 아무리 군수물품 등을 훔쳐도 화순의 도움이 없다면 그것의 처분이 불가능한 것으로 소설에서는 묘사한다.

설송아는 북조선 출신 소설가로서 시장화와 함께 등장한 여성의 주체화 과정에 관심이 높다. 특히 그녀의 소설에 등장하는 여성 캐릭터는 성적 해방을 통해서 기존의 권력체제에 조소를 보내는 모습으로 묘사된다. 시장화의 과정에서 새롭게 출현한 여성들은 폭력에 노출되어 있으면서도 동시에 젠더적 관습이나 성적 규범의 틀을 깨는 행동에 나서는 혁명적 존재로 그려지고 있다. 「진옥이」의 진옥은 장사에 필요하다면 시아버지나 보안원과의 섹스도 감행할 정도로 강한 여성이며, 누구의 아이인지 확실하지 않은 아이를 갖게 되었을 때 주변의 시선 때문이 아니라 "터를 잡기도 전에 아일 낳으면" 안 돼서 아이를 포기하는 인물이다.[34] 「제대군인」의 화순은 자신에게 도움을 줬던 철령에게 용돈을 두둑이 줄 수 있을 정도의 경제력과 배포가 있는 여성이며, 철령은 그런 그녀가 "세상의 한끝에서 바람 곶을 잡은 신"같이 느껴지기까지 했다.[35] 생존주의가 팽배한 북조선사회에서 화순이 이토록 많은 부를 축적할 수 있었던 것은 그녀가 법을 무서워하지 않고 경제활동에 매진했기 때문이다. 화순처럼 살고자 했던 철령은 군수용품을 약탈하는 데 욕심을 내기 시작하면서 결국 총에 맞아 죽지만 화순의 일상은 예전과 비슷한 방식으로 흘러갈 것이 분명하다.

설송아의 소설에 등장하는 북조선 여성은 현실적 상황을 일견 반영하고 있다. 지금까지 북조선 출신 여성과의 인터뷰에서 지속적으로 발견되는 것은 고난의 행군 이후 여성의 시장 경제활동 참여는 당연한 것이 되었다는 점이고, 그 이면에는 가족을 부양해야 한다는 책임감이 자리하고 있었다. 돈을 벌기 위해서 여성들은 높은 강도의 노동을 당연하게 받아들이고 있었으며, 사람들 사이의 도덕적 관계는 경제적 이득 앞에서 상당 정도 약화되었다. 문제는 북조선 여성의 '이악함'이 자신의 경제적 안락함을 위한 것이 아니라 가족의 생존을 위한 것이라는 점이다. 여성의 경제활동이 더욱 확산되고 있음에도 북조선 여성의 삶이 여전히 가부장제의 틀 안에서 억압되고 있는 이유이다. 이런 맥락에서 성적으로 자유로운 북조선 여성 주인공이 등장하는 설송아의 소설은 현실에 존재하는 억압 구조를 비틀어내는 동력으로 섹슈얼리티를 주목했다는 측면에서 의미심장하다.

  이번 장에서는 혜원이 시작하게 되는 기름장사에 대한 모티브로 소설 「진옥이」의 주인공의 기름장사 과정을 일정 부분 참조했다. 남편의 직업을 활용하여 좀더 큰 규모의 도매업을 하다가 화폐개혁으로 재산의 대부분을 잃고 탈북하게 된 혜원의 이야기는 필자가 진행한 여러 심층 인터뷰에서 확인된 경험을 주요 골자로 하고, 세부적 내용은 허구적 상상력을 활용해서 서사화했다.

3장
수련

과학자보다 해외파견 노동자

대학 입학을 앞두고 있는 수련은 꽤 공부를 잘한다. 인민학교[•]
부터 줄곧 1등을 놓친 적이 없었다. 성분이 특출나게 좋지는 않았
지만 아버지와 어머니도 과학자로서 당에서 인정받고 있다. 선생
님들은 수련이 장차 과학자가 될 인재라고 했다. 물론 공부를 잘하
는 것만으로는 학교에서 인정받기 어렵다. 수업시간에 아무개의
할아버지가 항일 혁명운동을 했다거나 또다른 아무개의 할머니가
노동영웅이라고 추켜세우는 일이 비일비재했기 때문이다.[••] 성분

• 북조선의 교육제도는 김정은 시대에 11년제에서 12년제로 개편되었다. 인민학교는
  남한의 초등학교에 준하는 교육과정을 뜻하는 것이다.
•• 「녀병사의 수기」(2003, 조선인민군4·25예술영화촬영소)에 등장하는 주인공 향순
  은 자신의 할아버지가 전쟁에서 별다른 공을 세우지 못하고 산골에서 목숨을 잃은
  것을 창피하게 생각하는 인물로 등장한다. 학교 참관 시간에 학생들은 각자의 할아

도 좋고 공부도 잘하면 더할 나위 없겠지만 그래도 상당수는 성분이 좋지도 나쁘지도 않은 집단이기에 본인의 노력 여하에 따라 좋은 학교로 진학할 수 있었다. 수련도 그런 부류였다. 내세울 만한 성분은 없었지만 뛰어난 학업성적 덕분에 곧 평양에 있는 가장 좋은 대학으로 진학할 가능성이 높았다.

하지만 고난의 행군과 뒤이은 시장화로 인해 세상은 크게 변했고, 그 이후 학교 안 풍경도 많이 바뀌었다. 성분이 좋은 아이보다 돈주의 자녀가 학교에서 더 주목을 받게 된 것이다. 그럴 만도 한 것이 시장에서 장사를 하는 학부모들이 어느정도 부조를 해줘야 학교가 운영될 수 있기 때문이다. 선생님들은 어떻게 해서든지 돈주에게 지원을 받아 학급 운영에 필요한 자원을 확보했다. 살림살이가 어려운 선생님들은 돈주 자녀의 편의를 봐준다는 평계로 공공연하게 뇌물을 받기도 했다. 학급 내 또다른 서열이 만들어진 것이다. 문제는 이러한 변화를 학생들이 더욱 예민하게 체감한다는 사실이다. 정치보다 돈, 실력보다 돈이 점점 더 중요해지고 있음을 어린 학생들이 가장 먼저 느끼고 있었다.

정화는 이 지역에서 가장 돈이 많다는 돈주의 외동딸이다. 넉넉하게 자라서 그런지 정화는 모두에게 친절했다. 선생님들의 곤란함은 정화의 부모가 알아서 챙겼다면 정화는 학급에서 어렵게

버지, 할머니가 전쟁 시기에 어떠한 공을 세웠는지를 얘기하는 장면이 영화에 등장하는데 주인공 향순은 수업시간에 딱히 얘기할 할아버지의 영웅담이 없는 것을 수치스럽게 생각한다. 이후에 향순의 할아버지는 전쟁 때 철도시설을 지키다가 폭탄에 목숨을 잃은 것으로 밝혀진다.

지내는 친구들을 돕고자 했다. 정화는 곽밥도 제대로 싸 오지 못하는 친구들이 조금이라도 요기할 수 있는 음식을 싸 와서 나눠 먹기도 했다. 어린 마음에 으스댈 법도 한데 정화는 한결같이 행동했다. 빵이며 떡이며 넉넉히 가져와 친구들의 가방 속에 슬쩍 넣어놓고는 모른 척하곤 했다.

오늘도 아이들과 함께 곽밥을 나눠 먹는 정화의 눈에 혼자 멀찌감치 떨어져 앉아 공부에 몰두하는 수련이 들어왔다.

"수련아 같이 먹자. 먹고 공부하면 되지, 뭐."

"……"

보다 못한 정화는 수련에게 다가가 손을 잡아끌었다.

"같이 먹자구. 왜 그렇게 항상 혼자 있니?"

"됐다고. 상관하지 말라고!"

정화의 호의에 가시 돋친 반응을 보이는 수련에 주변 친구들은 얼어붙어버렸다.

"너희처럼 한가하지 않다고!"

조금 까칠하기는 해도 학급 친구들과 어울리던 수련이었는데, 무슨 연유에서인지 수련의 마음이 각박해져 있었다. 수련도 의도치 않게 정화에게 소리를 지르고는 머쓱했다. 자신도 모르게 화를 내기는 했지만 수련은 내심 티 없이 밝은 정화가 불편했다. 자신에게는 불확실한 미래가 정화에게는 명확하기만 한 것 같았다. 과거에는 성분 좋은 집에서 태어나야만 미래가 보장되었다면, 지금은 돈 많은 집 출신이기만 하면 모든 것이 괜찮아 보였다. 돈만 있다면 누구 눈치도 보지 않고 원하는 것을 할 수 있을 터였다.

*

    수련은 할머니, 어머니, 그리고 여동생과 함께 살고 있었다. 과학자였던 어머니는 몇해 전 직장을 그만두고 장마당에서 일하기 시작했다. 별다른 성과도 없이 직장을 다니는 것보다는 장마당에서 돈을 버는 것이 더 낫다고 판단했다. 반면 아버지는 집안이 풍비박산이 나든 말든 상관하지 않았다. 아버지는 기술과 자원이 부족해 제대로 돌아가지 않는 공장을 어떻게든 다시 돌려보겠다며 연구에만 매진하고 있었다. 직장에서 먹고 자면서 기술 개발에 매달리고 있었던 까닭에 아버지는 집에 들어오는 일이 거의 없었다. 어쩌다 집에 온 아버지는 자식들에게 자신이 하고 싶은 말만 늘어놓곤 했다. 수련이 그런 아버지를 좋아하기란 쉽지 않았다.

    "넌 과학자가 되어야 한다. 공부도 곧잘 한다고 하니. 대학은 김책공대를 목표로 준비하면 되겠다. 동생 공부도 네가 좀 봐줘야 하고. 다 컸으니 말이야. 아버지 말이 무슨 말인지 알겠니?"

    "……"

    "당신은 애들을 어떻게 교육시켰기에 아버지가 말을 하는데 애가 제대로 대답도 안 하고. 이건 영. 쯧쯧쯧."

    마치 점령군이 시찰 나온 듯 집안 곳곳을 돌아보며 잔소리를 퍼부어대는 아버지를 수련은 이해하기 어려웠다. 그럼에도 어머니와 할머니는 힘들게 일하고 돌아온 아버지에게 특별히 싫은 내

색도 하지 못했다. 이처럼 일상에서 아버지의 부재가 익숙했던 가족들은 아버지의 짧은 방문을 견뎌내곤 했다.

수련은 현실주의자였다. 고난의 행군이 시작되기 직전에 태어난 아이들 대부분이 그런 것처럼 시장에 기대 사는 것이 더 익숙한 세대였다. 박사원*까지 마치고도 당장 가족의 생계가 어려워 시장에 내몰린 어머니를 보고 자란 탓도 있었다. 고지식한 아버지는 과학자의 길을 고수했지만 어머니는 당장 부양해야 하는 아이들이 있는 까닭에 그럴 수 없었다.

어머니는 외할머니와 함께 국수와 두부밥 같은 것을 만들어 파는 일부터 시작했다. 사람들이 시장에 몰려들어 장사를 하는 까닭에 간단한 음식에 대한 수요는 항상 있었다. 하지만 공부하는 것이 익숙했던 어머니는 세상 물정에 어두웠고 '이악스러운' 북조선 어머니상과는 거리가 있었다. 그나마 외할머니의 도움으로 겨우 적응하고 있었다.

학교 수업을 마치고 난 이후에 수련은 어머니와 할머니가 일하는 장마당에 나가 일을 돕곤 했다. 가까운 곳에 음식을 나르는 일이 수련의 몫이다. 수련이 정화와 정화 어머니를 본 것도 장마당에서였다. 멀리서 봐도 그들에게서는 여유로운 태도가 묻어나왔다. 밝게 웃으며 이것저것을 둘러보면서 물건을 사는 그들의 모습이 편안해 보였다. 수련을 알아본 정화는 어머니의 손을 이끌고 수련에게 다가왔다.

● 대학원을 뜻한다.

"어머니, 얘가 수련이에요. 우리 반 1등."

"아…… 안녕하세요?"

"네가 수련이구나. 이렇게 어머닐 도우면서도 공부도 잘하고. 수련이는 참 대단하구나."

호의가 가득한 정화와 정화의 어머니는 이상하리만치 수련을 주눅들게 했다. 누군가에게는 조금이라도 돈을 더 벌려는 사람들의 악다구니보다 주변을 배려하는 우아한 태도가 더 폭력적이다. 자신의 삶을 되돌아보게 한다는 측면에서 말이다. 살아남기 위해서 점점 더 목소리가 커지는 어머니와 감당되지 않는 책임을 방기하기로 결정한 듯한 아버지, 거기에 자존심만 남아 점점 더 뾰족해지는 자신까지, 정화의 친절에 감탄할 때마다 수련은 더욱 작아지는 자신을 확인하는 것 같았다.

아버지가 문제였다. 과학이니, 당의 요구니, 이런 구시대적인 믿음을 여전히 부여잡고 있어 온 가족이 힘들어진 것이다. 정화의 아버지가 외화벌이에 나설 때 아버지는 공장 한구석에서 세상의 변화를 애써 모른 척하고 있는 꼴이었다. 과학자의 삶이란 굶어죽기 딱 좋은 것이기도 했다. 당장 먹고살 것이 없는 상황에서 과학자의 역할을 찾기란 쉽지 않았고 국가도 중장기적인 미래를 생각할 틈이 없었다. '자력갱생'을 하라고 했다. 먹고사는 문제를 각 가정마다, 개인마다 알아서 해결하라는 뜻이었다.

출발선이 정화네와 달랐던 수련의 가족은 여전히 하모니카 집*에 살며 근근이 생활을 꾸려가고 있었다면, 정화의 가족은 새로 지어진 아파트로 이주했고 자동차도 장만했다. 수련도 아파트에서 살고 싶었다. 옆집의 숨소리까지 들리는 하모니카 집을 떠나 전기가 잘 들어오고 물도 잘 나온다는 아파트로 가고 싶었다. 고생만 하는 어머니와 할머니 앞에서 투정을 부리는 것이 죄스러워 그런 얘기를 입 밖에 내지 못하고 있는 것뿐이었다.

그날도 지친 몸을 이끌고 집에 들어온 어머니가 겨우 저녁을 차리고 있었다. 갑작스레 들이닥친 아버지는 문을 들어서자마자 빨리 저녁을 먹고 옷을 챙겨 나가야 한다고 채근을 했다.

"먹을 게 별로 없는데. 저녁 드세요."

형편없는 저녁상을 차리고 어머니는 민망해했다. 북조선에서는 여자들이 가족의 경제생활을 책임지는 것이 일상이 되면서 이상하리만치 남자들의 목소리가 더 커졌다.

"나는 당과 수령님의 뜻을 받들며 연구하느라 정신이 없는데 당신은 도대체 집안 살림을 어떻게 꾸리고 있는 거요."

아버지가 밥과 김치가 전부인 밥상을 받아들고 타박을 했다.

"……"

어머니는 언제나 그렇듯이 별말도 하지 못하고 앉아 있었다.

화가 난 것은 수련이었다. 그날따라 학교에서 정화의 친절에 뭔지 모를 자격지심으로 심기가 불편해진 상태이기도 했다.

"어머니가 얼마나 고생하는지 아버지가 알기는 하나요? 어떻게 그렇게 쉽게…… 아버지는 돈 벌어온 적 있나요? 우리처럼 사

• 같은 모양의 주택이 일렬로 배치되어 있는 형태로, 그 형태가 마치 하모니카의 홀(holes)처럼 일정하다고 해서 일명 하모니카 집이라고 불린다. 노동자나 농민이 주로 거주하는 것으로 알려져 있다.

는 사람들이 있는 줄 아나요?"

갑작스런 수련의 말에 놀란 아버지는 당장 할 말을 찾기 어려 웠다.

"아니, 너…… 그게 무슨 말이냐. 기술 개발하느라 몇날 며칠 잠 도 못 자고 온 아버지한테 무슨 버르장머리냐!"

"누가 그걸 시켰냐고요. 밥이 나오는 것도 아니고, 돈이 나오는 것도 아니고. 기술 개발이라는 것이 가능하기는 한 거냐고요. 벌 써 몇년째 기술이니, 과학이네 하면서 한 게 뭐가 있나요?"

아버지는 당혹스러웠다. 말싸움을 더 이어가기가 머쓱해 벌떡 일어나 집을 나섰다. 그런 아버지를 어머니는 쫓아 나섰다.

"애가 철이 없어서 그러는 거니 너무 화내지 말아요."

"아무리 그래도 어쩌면 저렇게……"

"내가 장마당에서 일하다 다쳐 다리를 제대로 못 쓰는 걸 보고 며칠 전부터 통통 불어 있었어요. 지난번에 당신이 과학자가 되 어야 한다고 뭐 그런 얘기를 하고 나서 더 그러고."

"그럼 수련이는 과학 공부를 안 한다는 거요? 그럼 뭘 한다고 그러는 거요?"

"요즘 애들은 우리 때랑 달라요. 그냥 무작정 부모 시키는 대로, 당이 시키는 대로 그렇게 살려고 하지 않는다고요. 저도 이제는 그럴 필요 없다는 생각도 들고요. 나도 과학자 된다고 공부를 그 리 힘들게 했지만, 지금 내 꼴을 보세요. 이럴 바엔 공부는 뭐 그 리 힘들게 했는지. 당신 모습은 또 어떤가요? 말이 과학자지. 실 험 기기도 제대로 없는 곳에서 과학자는 무슨 과학자인가요?"

"당신 정말…… 그렇게 생각하는 거요?"

아버지는 세상이 생각보다 정말 많이 변하고 있다는 것을 비로소 깨달았다. 언제까지나 그 자리에 있으리라고 생각한 가족이 그에게서 떨어져나가는 느낌이었다.

수련의 졸업이 다가오고 있었다. 고난의 행군을 겨우 넘긴 북조선은 조금씩 예전의 모습을 되찾아가고 있었다. 달라진 점이 있다면 이제는 사람들이 당이나 국가의 배급을 마냥 기다리는 것이 아니라 스스로 장마당에 나가 경제활동에 참여한다는 것이었다. 수련은 미래에는 상업활동이 더욱 활발해질 것이라는 확신이 있었다. 과학자 같은 직업을 얻겠다고 대학부터 박사원까지 수년 동안 경제활동을 하지 못하는 것보다는 상업대학을 나와서 본격적인 경제활동에 나서는 것이 낫다고 생각했다.

수련에게는 나름의 계획이 있었다. 평양상업대학에서 기초적인 상업체계 및 회계 등을 배운 후에 외화벌이 기관에 들어가서 실무를 익히고, 경험이 좀 쌓이면 중국이나 해외 사업선을 잡아서 직접 외화벌이에 나서겠다고 마음먹고 있었다. 정화도 비슷한 길을 간다고 했다. 다만 정화는 비슷한 일을 하고 있는 아버지라는 든든한 배경이 있는 반면에, 수련은 하나부터 열까지 스스로 해나가야 한다는 차이점이 있을 뿐이다.

두렵기도 했다. 아버지가 말한 대로 과학자의 길을 간다면 부모님의 도움을 받을 수도 있을 것이다. 아버지와 어머니 모두 연구 경력이 있으니 상대적으로 좋은 연구소로 배치받을 수 있을지도 모를 일이었다. 하지만 평생 실험실에서 지내는 삶을 수련은 도무지 상상할 수가 없었다. 수련은 해외에 나가서 변화하는 세계를 직접 경험하고 싶었다. 그녀는 아버지처럼 사는 것을 거부하기로 했다. 그렇다고 가족을 위해서 희생하는 어머니의 길을 따르기도 싫었다. 수련은 스스로를 믿고 자신의 미래를 개척하기로 했다.

*

평양상업대학은 장철구평양상업대학을 줄여서 부르는 이름이다. 1970년에 세워진 평양상업학원이 1997년에 장철구평양상업대학으로 이름이 바뀌었다. 2015년에는 장철구평양상업종합대학으로 다시 한번 이름이 바뀌었다. 평양에 위치하고 있는데 서비스 부분의 교육을 담당하는 4년제 대학이다. 급양학부, 피복학부, 경리학부, 관광학부 등으로 구성되어 있는데, 과거에는 서비스 부분에 대한 인식이 낮아 선호도가 높지 않았지만 평양상업대학 출신들이 외화벌이 기업에 들어가기가 용이하다는 말이 퍼져나가면서 점차 인기가 높아졌다.

수련이 대학에 진학할 즈음부터 이미 평양상업대학에 진학하는 것이 예전보다 훨씬 더 어려웠다. 무엇보다 돈이 있는 집안의 자녀들이 평양상업대학에 대거 지원하면서 경쟁이 더욱 치열해진 것이다. 다행스럽게도 수련은 학교 성적이 뛰어났다. 물론 북조선에서 대학에 진학하려면 성적뿐 아니라 출신 성분, 토대 등이 중요했지만 성적이 좋다는 것은 진학에 유리하게 작용할 수밖에 없었다.

수련이 대학에 들어가서 가장 놀란 것은 학급 친구들이 다들 상당히 부유하다는 사실이었다. 돈 걱정을 하면서 학교를 다니는 친구들은 손에 꼽을 정도로 적었다. 곽밥을 싸 가지고 대학에 다니는 것이 일반적인 문화였지만 유독 평양상업대학의 학생들은 식당에 가서 밥을 사 먹곤 했다. 부모를 따라서 외국 물을 먹은 학생들도 상당히 많았고, 그만큼 생각이나 행동이 훨씬 더 자유로웠다.

수련의 경제 상황은 그리 좋지 못했다. 아버지는 여전히 공장에서 기술 개발에 매진하고 있었다. 수련은 어머니와 외할머니가 시장에서 버는 돈으로 학교를 다닐 수는 있었지만 친구들과 어울려 다니면서 취미 생활이며 여가 생활을 하기는 어려웠다. 상업대학의 학생들은 보통강변의 맥줏집을 돌아다니면서 시간을 보내거나 친구 집에 모여 음식을 시켜 먹고 몰래 구한 동영상을 보기도 했다. 하루에 몇십 달러 정도 쓰는 것은 예사로 생각하는 이들이 많았고, 남한 동영상에서 본 새로운 스타일의 옷이나 장신구 등을 구입하는 데 돈을 아끼지 않았다. 수련은 돈을 펑펑 쓰면서 편하게 사는 친구들이 부럽지 않은 것은 아니었지만 한편으로는 좀 한심하게 보이기도 했다. 유흥에만 매달리는 아이들이어서 그런지 미래에 대한 꿈이나 포부 같은 것을 찾아보기 어려웠기 때문이다.

수련은 2년 동안의 수학을 마치면 해외실습을 나갈 계획이었다. 해외실습이라고는 하지만 사실 제반 비용은 학생이 직접 부담해야 하는 것이었다. 그럼에도 해외실습을 한번 다녀오면 상당한 밑천을 만들 수 있다는 것이 정설이었다. 앞으로 호텔이나 관광 쪽에서 일하고 싶은 수련에게는 외국어를 연마하면서 돈을 벌 수 있는 절호의 기회가 분명했다.

문제는 모두가 해외실습을 나갈 수 없다는 데 있다. 문건을 통해 성분과 토대 등을 확인하는 과정을 다시 한번 거쳐야 하며 해외 직장에 적절하게 적응할 수 있을지를 감별하는 인터뷰 절차도 있었다. 인터뷰에서 통과되면 서류를 만드는 데 들어가는 비용도 지불해야 한다. 무려 5백 달러에 이르는 거액이었다. 아직 어린 수련이 마련하기에는 너무나 큰돈이었다. 그럼에도 수련이 해외실습을 나갈 수만 있다면 경비를 제하고도 그 곱절 정도는 충분히 더 벌어올 수 있었고, 그 정도의 자본이라면 수련의 가족이 좀더 안정적인 장삿거리를 찾을 수 있을 터였다.

수련은 거침이 없었다. 자존심 따위는 상업대학에 진학하자마자 쓰레기통에 버리기로 결심했다. 대학을 함께 다니고 있는 정화에게 부탁하는 것밖에는 방법이 없었다. 정화는 이미 아버지와 어머니를 도와 중국을 드나들면서 무역 일을 익히고 있었기에 굳이 해외실습에 매달릴 필요가 없었다.

정화는 수련을 진심으로 걱정했다. 돈을 빌려주기 싫어서가 아니었다. 해외실습이 분명 기회이기는 했지만 중국에 나가 일을 한다는 것이 그리 쉽지 않다는 걸 정화는 몸으로 경험하고 있었다. 실습생들은 큰 규모의 북조선 식당에서 일을 하게 될 텐데 까다로운 중국인 손님을 상대하는 것이 쉬운 일이 아님을 잘 알고 있었다. 노동의 댓가를 제대로 받을 수 있을지도 의문이었다. 관리원, 보위부 등등이 어떻게 해서든지 수련과 같은 북조선 노동자들의 임금을 착복할 기회만 노리고 있기 때문이다.

"수련아, 그런데 생각보다 밖에 나가서 일하는 게 힘들어. 알고 있지?"

"그래도 중국에 나가면 뭔가 배울 것도 많고, 돈도 많이 벌어 올 수 있잖아."

"식당에서 일하는 게 생각보다 쉬운 게 아니더라. 다 같이 사는 거랑 관리인 때문에 자유롭게 움직이지 못하는 것은 그렇다고 쳐도 손님 중에서 나쁘게 대하는 사람들도 많고. 돈도 생각보다 적을 수 있다던데. 막상 나가면 또 쓸 돈도 많이 필요하니까."

"그래도 난 정말 외국에 나가보고 싶어. 여기가 너무 답답해. 어머니 고생하는 모습을 무기력하게 지켜보는 것도 싫고. 세상이 얼마나 변하고 있는지 직접 보고 싶어. 꼭 돈 때문만은 아니야. 중국 사람들이 어떻게 해서 저렇게 잘살게 된 건지, 무슨 방도로 힘이 저렇게 세진 건지 직접 가서 보고 싶어."

수련의 의지는 확고했다. 돈 때문만은 아니라는 그녀의 말이 정화의 마음을 헤집어놓았다. 수련이 고지식한 아버지를 벗어나려 상업대학에 진학했다면 이제는 희생적인 어머니로부터도 자유롭기로 결심한 것 같았다. 대학을 졸업하여 적당히 직장을 다니면서 산다면 결국 남편과 가족을 위해서 희생하는 어머니의 삶을 되풀이할 것이 분명했기 때문이다.

해외실습이라고는 하지만 사실상 해외파견 노동이었다. 대학

생들이 파견될 경우 관리하기도 편해서 해외 주재 북조선 식당이
나 유락시설에서는 대학생들이 해외실습으로 나오는 것을 선호
하곤 했다. 해외파견을 나오는 이들은 한번 나오면 짧게는 2년,
길게는 3년 정도 머무르곤 했는데, 대부분이 토대나 성분이 좋고
가족이 북에 남아 있기 때문에 탈북과 같은 생각을 하는 일은 드
물다. 게다가 이제까지 대학교를 다니다 중국에 온 젊은 여성들
은 북조선 외부의 세상에 대한 정보가 어두웠다. 중국이 잘사는
것 정도는 소문으로 알고 있기는 했지만 남한에 대해서 아는 것
은 거의 없었다.

　수련이 배치된 곳은 중국 톈진의 북조선 식당이었다. 상당한
규모를 자랑하는 곳으로 이곳에 '실습' 나온 학급 동무들도 12명
이 넘었다. 요리 전공자들은 주방에서 북조선 요리를 도왔고, 홀
에서 일하는 아이들은 공연과 서빙을 함께 맡아서 했다. 일은 고
됐지만 재미도 있었다. 손님으로 식당을 찾은 중국인과 남한 사
람들의 말과 행동을 통해서 세상 돌아가는 모양새를 가늠할 수
있는 것이 수련은 무엇보다 좋았다. 하지만 음식 나르기야 그렇
다고 쳐도 공연 준비는 쉽지 않았다. 노래와 춤에 능한 아이들은
적응하기 쉬웠지만 수련처럼 음악에 재능이 없는 사람은 서빙을
도맡거나 손님을 안내해야 했다. 중국어를 능숙하게 하는 것이
중요했고, 눈치 빠르게 손님들이 필요한 것을 알아채기도 해야
했다.

　그나마 다행스러운 것은 북조선 식당에서는 주방에서 일하는
이들이나 공연을 하는 이들, 서빙을 하는 이들 모두가 손님들이

주는 팁을 공평하게 나눠 갖는다는 점이다. 한때 공연에서 눈에 띄는 이들에게 손님들의 팁이 집중되면서 문제가 생기자 손님이 특정 공연자에게 개별적으로 팁을 주는 것이 아니라 꽃다발을 구매하여 주는 것으로 방식을 바꾸었다. 꽃다발 구매 비용은 매일 정산해 식당 접대원 모두가 나눠 가졌다. 손님들이 매료될 수 있는 공연을 보여주는 것도 중요하지만 손님들이 자연스럽게 꽃다발을 살 수 있도록 유도하는 것도 중요한 역할이었다.

처음에 수련은 꽃다발을 파는 것이 영 어색하기만 했다. 중국인 손님은 그렇다고 쳐도 남한 손님들에게 꽃다발을 파는 것이 쉽지는 않았다. 적극적으로 꽃다발을 팔자니 뭔가 이상한 기분이 들기도 했고, 그렇다고 아무것도 안 하면 계산이 빠른 남한 손님들은 꽃다발을 사지 않았다. 일진이 나빠 접대원 모두가 꽃다발을 하나도 팔지 못하면 그날은 공친 것이 되었다. 하루도 제대로 쉬지 않고 일을 해봤자 월급은 고작 2백 달러 정도였기 때문에 팁은 더욱 소중했다.

중국에서 일하던 초기에 수련은 어떻게 하면 자연스럽게 꽃다발을 팔 수 있을지 고민했다. 어떻게 해서든 꽃다발을 많이 팔아야만 자신에게도 팁이 돌아오니까 말이다. 그러다가 꽃다발을 팔아서 팁을 받는 것보다 단골손님을 만드는 것이 훨씬 더 경제적으로 도움이 됨을 알게 되었다. 꽃다발 하나에 중국 돈으로 1백 위안이면 12명의 접대원과 지배원까지 나눠 가져야 하지만 단골의 경우에는 수련의 사정을 알고 주위 사람들 모르게 팁을 찔러주곤 했다. 단골을 만드는 방법은 그리 어렵지 않았다. 중국인 손님들은 자신들을 기억해주는 것만으로도 즐거워했다. 생일이나 특별한 날에는 단골손님들에게 음식을 더 챙겨주거나 조선술을 한 병 내어주는 것도 효과가 좋았다.

북조선 식당에서 일하는 접대원 중에서는 중국인 단골손님과 조금 더 친밀한 관계를 맺는 경우도 있었다. 외모가 아름다운 접대원일수록 그런 유혹이 많았는데, 손님들 중에서는 선물 공세를 펴거나 공공연하게 식당 밖에서 만나기를 요구하는 경우도 있었다. 대부분은 지배인이 막아줬지만 그중에서 큰손인 단골의 경우에는 일방적으로 거부하는 것이 쉽지 않기도 했다. 수련과 함께 접대원으로 일하는 동료 옥인의 경우에는 중국인 단골손님과 실제로 연인 사이로 발전하기도 했다.

"옥인아, 아무리 그래도 밖에 나가서 그 중국인 대방을 만나는 것은 좀 그렇지 않니?"

수련의 걱정 어린 충고에도 옥인은 이미 마음이 많이 기울어진 상태였다.

"좋은 사람인 것 같은데. 선물도 많이 주고. 나보고 자꾸 이쁘다고 하잖아. 그런 말 자주 들으니까 난 기분이 좋더라. 큰 일도 아니고 그냥 쉬는 날 밖에서 식사 정도 하는 것인데 별일이야 있겠어?"

"그래도 만약 지배인이 알게 되면 뭐라고 할 것 같은데."

"그 사람이 이미 지배인에게도 허락을 받았어. 워낙 중요한 손님이니까 지배인도 그냥 나가서 식사하고 오라고 하더라. 나도 뭐 싫지 않고."

수련은 옥인의 마음을 이해할 수 있었다. 타지에서 노동하며 사는 것이 쉽지 않은 까닭에 누군가의 작은 관심과 애정에도 쉽게 흔들리기 때문이다. 옥인은 마음속으로 중국인 손님과 관계를 진전시켜 중국에 남는 상상을 했던 것 같기도 하다. 다시 북조선에 돌아가 가족을 부양하며 사는 것보다는 부유한 중국인과 함께 지내는 것이 훨씬 더 편안하니 말이다. 그럼에도 해외실습을 나온 옥인은 정해진 시간이 지나면 반드시 북조선으로 돌아가야만 한다.

수련은 2년 정도의 시간을 중국에서 보내고 3천 달러 조금 넘게 돈을 모아 귀국할 수 있었다. 보낸 시간과 높은 강도의 노동을 생각하면 형편없는 돈이지만 북조선에서 번듯한 장사를 시작하기에는 부족함이 없었다. 중국에 나올 때 정화한테 빌린 돈을 다 갚고도 어머니에게 외할머니와 함께 운영할 수 있는 식당을 시내 중심부에 열어줄 수 있었다.

상업대학을 졸업하고 난 이후에 수련은 전공을 살려 호텔에 취직하게 되었다. 평양 시내의 대표적 호텔에서 접대원으로 일하면서 역시 외국에서 온 관광객과 많은 교류를 할 수 있었다. 중국인과 러시아인부터 미국인, 스웨덴인, 영국인까지 다양한 사람들이 수련의 호텔에 머물다 돌아가곤 했다. 수련은 외국에서 온 손님들과 이야기 나누는 것을 즐겼다. 가끔씩은 짓궂은 질문을 해오는 관광객들도 있었지만 대부분은 수련에게 궁금한 것이 많은 평범한 이들이었다.

*

어머니의 가게는 돈벌이가 시원치 않았다. 들어오는 수입은 적고 가족의 생활비는 매달 꼬박꼬박 나가야 했다. 수련이 중국에서 벌어온 돈도 이제 거의 떨어져갔다. 호텔에서 접대원으로 일하면서 수련이 받는 노임은 가족의 생활을 유지하는 데 턱없이 부족했다. 무엇보다 수련은 해외 생활의 후유증을 단단히 앓고 있는 상태였다. 집단생활일지라도 중국에서의 삶은 훨씬 더 자유로웠다. 수련은 해외 생활을 계속하고 싶은 생각뿐이었다. 방법은 뇌물을 줘서라도 다시 해외파견 노동을 떠나는 것이다. 한번 해외에 다녀온 이들에게는 다시 해외 노동의 기회가 주어지지 않지만 적당히 뇌물이 들어가면 안 되는 것은 없는 곳이 바로 북조선이다.

호텔에서 일하면서 알게 된 외화벌이 기업소의 사장들이 도움이 될 것이 분명했다. 무엇보다 아버지가 여전히 당이 우선시하는 '과학자'로 활동하고 있다는 점도 수련이 해외파견 노동자로 선발되는 데 나쁘지 않게 작용했다.

어차피 수련은 정치적인 문제에는 관심이 없었다. 그런 만큼 당의 뜻과 반하는 행동을 할 생각이 전혀 없었다. 수련이 원하는 것은 해외로 나가서 조금은 자유롭게 길을 걷고, 새로운 사람들을 만나고, 돈을 버는 것뿐이다. 이번에는 파견 노동자로 선발되는 데 1천 달러 조금 넘게 필요했다. 몇년 새 가격이 두배로 오른 것이다. 그만큼 해외로 나가기 위해서는 두배의 경쟁을 통과해야 했다.

수련의 두번째 해외 노동지는 중국 연길이다. 연길에는 북조선 식당이 여러곳 있으며 북조선 여성 노동자를 고용하는 호텔이나 유락시설도 많다. 수련은 냉면으로 유명한 북조선 식당에서 근무하면서 식당이 함께 운영하는 호텔의 운영도 도맡아서 하게 되었다. 예전의 수련은 식당 지배인이 시키는 일을 해내는 것에 급급했다면, 이제는 새로운 메뉴를 개발하거나 공연 방식을 다양화하는 등 적극적으로 식당 운영에 나서게 되었다. 북조선 식당은 규모가 상당했지만 메뉴 구성에 변화가 없었고 가격이 상대적으로 높은 편이라 손님이 많지는 않아 높은 수익률을 얻지는 못하는 상태였다.

사실 연길의 북조선 식당은 남한 관광객을 주요 고객으로 하여 메뉴가 구성되거나 공연 레퍼토리가 운영되고 있었다. 수련은 식당에서 일을 한 지 몇달 지나지 않아 이런 식의 운영으로는 충분한 수익을 얻기 어렵다는 결론에 이르렀다. 특히 남북관계의 부침이 심해지면서 남한 관광객의 방문이 줄어드는 추세인 만큼, 남한 관광객에 맞춰진 메뉴나 공연을 부유한 중국인 손님을 대상으로 바꿔내는 것이 중요했다. 메뉴는 북조선 음식과 중국 음식을 2 대 1의 비율로 재구성했고, 북조선 음식도 중국인의 입맛에 맞게 조금씩 변형했다. 공연에 중국 노래의 비중을 높이고 조선족이 즐겨 듣는 노래도 레퍼토리에 포함시켰다.

수련의 이러한 적극적인 노력에 대한 반응은 상당했다. 곤두박질쳤던 식당의 매출이 조금씩 나아지더니 중국인들의 입소문을 타고 이제는 꽤나 안정적인 수준을 유지하게 되었다. 수련은 또 중국인 손님들이 구별된 공간에서 식사하는 것을 선호한다는 사실을 알고 룸에서 식사를 하며 간단히 노래를 들을 수 있는 서비스도 제공했다. 처음에는 수련의 제안에 보수적인 태도를 보였던 지배인도 이제는 수련에게 전권을 줄 기세였다.

3년이라는 기한을 두고 나왔던 수련은 이제 원하는 만큼 중국에 머무를 수 있다. 오히려 윗선에서는 수련에게 새로운 사업 아이템을 발굴해서 본격적인 외화벌이에 나서라고 독려하기도 한다. 마음만 먹으면 이제 수련은 외화벌이 사업체를 만들 수도 있게 된 것이다. 얼마 전에 만난 중국 대방이 북조선의 여성 노동자를 중국으로 데려와 옷과 신발 등을 생산할 것을 제안하기도 했다. 또다른 사업가는 북조선의 약초를 의약품으로 만드는 사업을 함께 하자고 수련을 설득했다.

서두를 생각은 없다. 중국에서 사업을 한다는 것은 끊임없는 심사숙고가 필요한 일이다. 그럼에도 수련은 하루하루 자신감이 높아져왔다. 중국에서의 삶이 만족스럽다. 겉으로는 외화벌이를 해서 북조선 당국에 기여해야 하는 삶을 살고 있지만 그 속내를 조금만 깊숙이 살펴보면 자신의 꿈을 이뤄가는 방식이었다. 수련은 중국과 북조선을 드나들면서 살게 되었고, 경제적으로도 안정적이었으며, 무엇보다 일상에서 자유로움을 만끽하면서 지내게 되었다.

조선 영화 「한 녀학생의 일기」

2006년 8월 3일에 평양에서 시사회를 통해 소개된 「한 녀학생의 일기」(2006)는 김정일 국방위원장이 극찬을 한 작품으로 알려져 있다.[36] 『로동신문』 8월 4일자 기사에 따르면, 내각 및 당 주요 간부가 영화시사회에 참석했는데, 영화는 평범한 과학자 가정의 이야기를 일기 형식으로 그려내어 인민들의 행복과 청년세대의 이상 등을 다루고 있는 명작으로 평가받았다.

인상적인 장면들과 정서적이며 사색적인 음악 선률, 배우들의 꾸밈없는 연기 형상은 새 세기에 더욱 개화 발전하는 우리 영화예술의 일단을 잘 보여주고 있다. 관람자들은 자그마한 이야기를 가지고 생활을 철학적으로 깊이 있게 형상한 영화를 커다란 감동 속에 보면서 작품의 종자와 주제로부터 구성방식과 세부에 이르기까지 영화창작의 전과정을 현명하게 이끌어준 우리 당에 의하여 인식교양적 의의가 큰 새 형의 명작 영화가 나오게 되었음을 절감하였다. 전체 관람자들은 우리 당의 과학중시, 청년중시사상을 빛나게 구현해나가며 선군시대의 요구에 맞게 혁신적 안목으로 사고하고 창조하여 더 높이, 더 빨리 비약함으로써 사회주의 강성대국 건설을 앞당겨나갈 불타는 결의를 가다듬었다.[37]

영화가 북조선 인민에게 큰 반향을 일으키자 『로동신문』은 8월 7일에 다시금 "창조와 혁신의 교과서, '한 녀학생의 일기'"라는 섹션을 만들어서 영화 상영을 소개하고 영화를 보고 난 과학자들의 소감, 평양시 기업소 지배인과 김책공업종합대학 대학생 등의 감상문을 소개하기도 한다.[38] 이어 열흘이 지난 8월 16일 『로동신문』에서는 「투쟁과 생활의 참된 길동무: '한 녀학생의 일기'」라는 기사를 통해 북조선에서 이 영화를 "실효모임"을 통해서 함께 감상하며 학습하고 있음을 알리고 있다.[39] 그만큼 북조선체제에서는 이 영화가 김정일의 영화창작 기법에 충실한 명작이며 인민들의 교육을 위한 빼어난 메시지를 담아내고 있다고 평가했다.

고난의 행군을 거친 후 사회 내 시장화의 압력과 대외적인 악조건을 선군사상으로 돌파하려 했던 김정일정권에게 세대 간의 차이와 갈등을 해결하는 것은 중요한 과제 중 하나였다. 기성세대가 김정일체제에 복종하는 것에 익숙했다면 시장화를 경험하며 청년이 된 세대들의 의식이나 생활방식은 기성세대보다는 훨씬 더 자유로웠고 개인주의적 성향도 상당했기 때문이다. 이에 김정일정권은 청년중시정책을 표방하면서 청년들의 마음을 얻기 위한 선전·선동에 적극 나섰다. 북조선에서 청년을 지칭하는 '새 세대'를 "조국의 부흥 발전"을 이끌어가는 과학기술 인력으로 만들어내는 것이 중요하기도 했다.[40] 이에 다양한 문학예술 매체에서 선군시대의 청년 전형으로 과학기술에 혁혁한 공로를 세우는 인물들을 형상화했으며 영화는 그중에서도 가장 중요한 문화적 매체였다. 예를 들어 2000년에 제작된 「흰 연기」는 주인공 유철이 성공 가능성이 높은 과학기술을 연구하는 것이 아니라 과학자 아버지가 이루지 못한 기술 개발을 성공하기 위해서 노력과 희생을 다한다는 내용인데, 김일성의 유훈을 잇는 김정일 시대의 특징을 보여주는 것이기도 하고 청년이 과학기술의 발전에 기여함으로써 조국 발전에 이바지한다는 내용을 담고 있기도 하다.

「한 녀학생의 일기」는 결국 과학자 아버지의 뜻을 딸이 이어가게 된다는 측면에서 김정일 시대에 등장한 문학예술과 상당한 유사성을 공유한다. 하지만 이 영화가 인민들 사이에서 반향을 일으킨 것은 기존의 전형적인 청년 캐릭터에서 진일보한 주인공이 등장하기 때문이다. 수련은 아버지와의 갈등을 숨기지 않으며, 아파트에 사는 것과 같은 소비적인 욕망이 분명한 젊은 여성으로 그려진다. 과학에만 매달리는 아버지를 '답답하게' 생각하는 것도 기존의 북조선 문학예술에서는 찾아보기 힘든 모습이다. 하지만 수련과 영화의 서사는 분명한 한계도 존재한다. 왜냐하면 영화 속 수련은 아버지의 삶에 의문을 품었지만 결국 아버지의 깊은 뜻을 이해하고 크게 반성함으로써 기존의 규범에 편입되기 때문이다. 수련은 결국 과학을 중시하는 당과 아버지의 뜻을 따라 과학자의 길을 선택한다.

이번 장에서는 「한 녀학생의 일기」에 등장하는 주인공의 모습과 서사를 재구성했다. 수련과 아버지의 갈등은 영화의 스토리에 기반을 두고 있으며, 이후에 수련이 평양에서 대학 생활을 하고 해외파견 노동자로 일하는 부분은 2020년부터 2022년 사이에 필자가 진행한 복수의 북조선 출신 남성 및 여성과의 심층면접 내용에 기반을 두고 서사적 상상력을 덧붙였다.

2부 | 경계에서 만난 여자들

4장

연길

2001년 여름: 연길의 첫 인상

처음으로 연길에 간 것은 2001년 여름이었다. 이제 막 석사를 마치고 박사 공부를 시작하려던 참이었다. 연길 출신의 사업가인 박사장과 그의 부인인 혜자 아주머니와의 친분으로 처음 연길 공항에 발을 내디뎠다. 박사장은 베이징과 연길을 오가면서 사업을 했는데, 연길 조선족 사회에서 상당히 성공한 사업가로 신망이 있었다. 혜자 아주머니는 따뜻한 심성을 지녀 주변에 항상 사람이 많았다. 사업차 혹은 관광차 남한을 자주 드나들던 박사장 내외를 내가 알게 된 것은 우연이었다. 평소에 연변에 관심이 많다고 떠들고 다닌 까닭에 주변에서 다리를 놓아줬다.

박사장 내외도 나와 이야기하는 것을 즐겼던 것 같다. 내가 그들의 큰딸과 나이가 같다고 말하면서 더욱 친근하게 대해주곤 했다. 그러던 어느날 박사장 내외가 "조선 사람"이라면 연길에 한 번은 와봐야 한다며 스스럼없이 초대를 했다. 호기심이 가득했던 나는 그들의 호의를 덥석 받아들여 그곳까지 갔다.

어떻게 들어왔는지 혜자 아주머니는 공항 입국장 안까지 들어와 나를 기다리고 있었다.

"잘 왔어, 성경이. 밖에 박사장 기다리고 있어. 얼마나 기다렸는지 몰라, 성경이."

반가움이 가득한 얼굴로 나의 손을 잡는 그녀의 얼굴을 보자 폐가 될까 미안했던 마음이 조금은 놓였다. 아주머니는 말이 끝날 때마다 꼭 내 이름을 붙이곤 했는데, 상대방의 이름을 자주 부르는 것이 버릇인 듯했다. 이러한 그녀의 습관은 이상한 힘이 있는 것 같았다. 내가 그녀를 몇번 만나지 않았음에도 친밀하게 느끼도록 한 것이다. 혜자 아주머니는 나를 통해서 타지로 유학을 떠난 두 딸을 떠올렸던 것 같다. 내가 하는 말마다 자신의 딸도 그런 얘기를 하곤 한다거나 아니면 우리 애들도 나처럼 살가웠으면 좋겠다는 말을 덧붙이곤 했다.

박사장은 직접 운전을 해 공항에 나와 있었다. 일주일 전쯤인가 베이징에서 연길로 왔다고 얘기하면서 이곳의 사업체 때문에 자주 온다는 말도 덧붙였다. 얼마 전에 연길에 식당을 하나 더 열었다고 했다. 식재료 등을 유통시키는 사업체로 시작했는데 식당도 함께 하면 좋을 것 같아서 자그마하게 냈다는 것이다. 박사장은 나와는 기준이 상당히 달랐는데, 이미 예전에 베이징에 자신이 운영하는 '자그마한 식당'을 보여준 적이 있었기 때문이다. 난 마치 '성'이 아닌가 싶을 정도로 거대한 식당의 규모를 보고 크게 놀랐던 기억에 웃음지었다.

박사장은 연길이 얼마나 작은 도시인지 설명했다. 오라고는 했지만 사실 볼 것도 별로 없다고 말했다. 뭘 구경하고 싶은지도 묻고, 그래도 여기까지 왔는데 백두산 구경은 하고 가야 한다고 강조했다.

"백두산은 꽤 가야 하지 않나요?"

"얼마 안 걸려, 성경이. 한 네시간 정도 차 타고 가면 돼. 내일은 하루 쉬고, 그다음 날 같이 가려고 차랑 운전사랑 준비해두었어."

"뭐, 전 백두산도 좋고, 그냥 여기 사람들 사는 것 보다가 가면 돼요."

사실 난 연길에 사는 사람들의 일상을 둘러보고 싶었다. 이 당시만 해도 연길은 남한 사람에게는 낯선 공간이었다. 1990년대 초반에 남한과 중국의 수교가 이뤄지고 난 이후 중국을 오가는 남한 사람들이 기하급수적으로 늘어나기는 했지만 이들의 발길이 아직 둥베이 3성 중에서 작은 도시 축에 드는 연길까지로 확대되지는 못했다. 베이징에서 탄 연길행 비행기에서 남한 사람으로 보이는 이들의 수는 상대적으로 적었고, 내 마음속에는 그만큼 마치 미지의 땅을 방문하는 것과 같은 흥분이 차오르기도 했다.

연길은 길림성에 속해 있으면서 연변조선족자치주의 주도이다. 연변 지역은 1952년에 조선족자치주로 지정되었다. 식민지 시기에 조선의 경제 상황이 악화되자 상당수의 농민이 만주 지역으로 이주하였고, 이후 이들은 근대 중국이 건설되면서 '조선족'

이라는 소수민족으로 인정받게 된다. 현재 중국은 한족을 비롯해 55개의 소수민족으로 이뤄져 있다. 연변조선족자치주 내 조선족 인구는 2010년 기준으로 73만 7천여명이었지만 2020년에 실시된 7차 인구센서스에서는 그 수가 약 14만명 감소하여 59만 7천여명이다. 연변 지역의 인구가 감소세를 보이는 이유는 일자리를 찾아 도시로 떠난 인구가 상당했기 때문이며 출산율의 하락도 일정 부분 영향을 미쳤다. 특히 조선족은 일자리를 찾아 남한이나 중국 내 도시로 활발히 이주하고 있다.

박사장과 혜자 아주머니는 연변 지역의 조선족 이동의 전형적 사례이다. 박사장은 전라도에서 태어났지만 부모님을 따라 연변 지역에 정착하였고, 혜자 아주머니의 부모님은 어린 나이에 중국에 정착한 이후에 연길에서 그리 멀지 않은 용정에서 만나 가정을 꾸렸다. 중국의 문화대혁명이 한창이던 시기까지만 해도 소수민족에 대한 정부 차원의 지원은 열악한 수준이었지만, 이후에는 조선족자치주의 위상에 맞게 조선어 교육이나 조선족 공동 문화의 보존 등이 가능하도록 다양한 정책이 집행되기도 했다.

문제는 연변조선족자치주에는 일자리가 충분하지 않다는 점이었다. 역사적으로 연변조선족자치주는 북조선 및 러시아와의 변경 무역이 활발하기는 했지만, 북조선의 경제적 상황은 지속적으로 악화되었고 러시아는 광활한 영토에 비해 인구가 적은 까닭에 접경지역의 경제가 발달하기 어려웠다. 조선족의 타지역 이주가 본격화된 것도 바로 이러한 경제구조의 한계 때문이었다.

박사장과 혜자 아주머니도 일자리를 찾아 베이징으로 갔다. 운

좋게도 그 시기에 부동산 광풍이 불었고, 베이징에서 요식업과 부동산 관련 사업 등을 하면서 큰 성공을 거두게 된 것이다. 경제적 여유가 생기자 두 딸도 유럽과 남한으로 유학을 보냈다. 두 내외만 베이징에 남아 있다가 가족과 동무들을 만나러 연길을 오가며 한동안 생활했다. 그러다가 가족 대부분을 제대로 부양하기 위해서라도 연길에 사업체를 세워 거점을 만드는 것이 낫겠다는 결론에 이르렀다. 이렇게 성공해서 돌아온 박사장 부부를 가족, 친척뿐만 아니라 동창이나 친구까지 모두가 반겼다. 두 내외는 연길에 돌아오면 타향살이의 고단함이 한결 나아지곤 했다. 점점 더 연길에서 보내는 시간이 길어지는 이유이기도 했다.

"자주 오가는 것이 피곤하시기는 하겠어요. 그래도 고향에 자주 오니 좋으시지요?"

"여기 오면 동무들 만나느라 정신없지, 뭐. 박사장은 술을 너무 많이 마셔서 걱정이고."

혜자 아주머니가 기회다 싶어 박사장을 타박하듯이 말했다. 그러자 박사장은 껄껄 웃으며 답했다.

"무슨 말인가. 저이가 더 동무들이랑 몰려다니면서 노느라 집에도 잘 안 들어오고 그런다고."

상당수의 조선족이 일하러 대도시에 나가고 난 이후에 연길은 타지에서 송금되는 돈에 의존해 지내는 이들이 점차 많아졌다. 생산보다는 소비가 발달할 수밖에 없는 구조였다. 특히 여성들이 노동이주에 적극 나서게 되면서 연길에 남겨진 남성들은 몰려다니며 술을 마시고 시간을 허비하는 사례가 많아졌다. 연길에 유흥 관련 산업이 발달한 배경도 여기에 있다. 거기에 최근에는 남한 사람들이 관광이나 사업 등을 이유로 몰려들게 되면서 이러한 경향은 더욱 심해져버렸다.

박사장과 혜자 아주머니의 부모들은 박사장의 송금에 기대서 살고 있었으며, 친척 중 몇몇은 박사장의 사업체에서 소일하면서 지내고 있었다. 그나마 노동 능력이 있는 친척들은 남한으로 이주하여 일한다. 사실 연길을 떠나지 않고 남은 사람들은 공무원이거나 군인, 공안, 교원, 기자 등 확실한 직장이 있는 이들이 대부분이었다. 돈을 벌려면 남한으로 가거나 중국의 도시로 이주해야 하는 상황이 된 것이다. 좀더 나은 삶을 꿈꾸게 된 조선족에게 이주는 삶의 경로에서 반드시 경험해야 하는 통과의례 같은 것이 되었다.

1990년대 초중반까지만 해도 조선족은 북조선의 친척이나 지인들과 일상적인 교류를 하면서 지내고 있었다. 접경지역에 오랫동안 구축된 친족 네트워크가 조선족과 북조선 사람들을 끈끈하게 이어줬기 때문이다. 탈냉전과 중국의 개혁·개방이 본격화되기 전에는 남한과의 교류가 가능하지 않았다는 점도 중요한 이유가 됐다. 1992년 중국과 한국의 외교관계가 수립되자 양국의 민간 교류 및 이주도 급격하게 늘어났다. 급속한 경제성장을 이룬 한국은 조선족에게는 새로운 기회였다. 하필이면 그 시기에 북조선에서는 최악의 식량난이 발생하게 되었다. 조선족과 남한의 교류가 늘어날수록 그들과 북조선 사이는 어색해져갔다. 관계의 추가 점점 더 남한으로 기운 것이다. 조선족으로서는 먹고사는 문제 앞에서 더 잘사는 남한 쪽에 몸이 움직이게 되면서 마음까지 따라가는 것은 어쩔 수 없는 일이었다.

박사장과 그의 동무들도 비슷한 경험을 했다. 1980년대까지만 해도 북조선에 친척이 있는 이들이 동네에는 흔했고 연변과 북조선을 오가는 일도 일반적이었다.

"이곳의 사람들은 조선도 오가고 그러나요?"

내가 자꾸 북조선에 관련된 질문을 하자 혜자 아주머니는 약간 놀란 것 같았다.

"예전에야 뭐 왔다 갔다 하고, 그쪽에서 이리로 와서 물건도 팔고, 여기도 거기로 넘어가서 돌아다니고 그랬지. 그런데 요즘은 그런 사람들 별로 없지, 뭐."

옆에서 듣고 있던 박사장이 느릿느릿 말을 보탠다.

"나도 몇번 갔었는데, 거기 가면 사람들이 너무 못살아서 마음이 영 그래. 뭐 먹을 게 없고. 담배 몇보루 선물로 가지고 갔다가, 내 담배까지 다 털어주고 왔어. 군인들이 겨울에 손이 얼어서 까맣게 돼서 서 있는데, 담배를 주면 그리 좋아해."

박사장 내외는 남한을 동경했고 북조선에 대해서는 관심이 깊지 않았다. 사업을 위해서도 남한 사람과의 교류가 더 중요했고 더 나은 삶을 향한 열망을 투영하기에 남한만 한 대상도 없었다. 게다가 남한으로 경제이주를 떠난 조선족을 통해서 남한의 소비문화가 연변 지역에 급속히 확산되고 있는 상황이었다. 남한의 대중음악, 영화, 드라마를 접하는 것이 점점 더 익숙해지고 있었으며, 연변의 사람들은 남한 사람들이 뭘 먹는지, 어떤 옷을 입는지 관심이 많았고 따라 하고 싶어했다. 내가 상상하던 연길과는 전혀 다른 모습이었다. 그럼에도 내가 북조선의 흔적을 찾기까지는 그리 오랜 시간이 걸리지 않았다.

2001년 여름: 조·중 접경지역과 백두산

"5시에 떠나야 해요. 그것도 좀 늦은 편인데, 4시 30분에 출발이 가능할까?"

혜자 아주머니가 백두산에 가려면 새벽에 출발해야 한다고 설명한다. 거리는 별로 멀지 않지만 길이 안 좋아서 서둘러야 한다는 것이다. 대륙에 사는 조선족의 기준으로는 '얼마 되지 않는 거리'지만 사실 3백 킬로미터에 달했다. 난 비몽사몽 일어나 일단 차에 몸을 실었다.

박사장의 친한 동생이라고 소개받은 김씨가 운전을 맡았다. 박사장의 손님이 올 때마다 백두산이며 광개토대왕비며 이곳저곳을 안내하는 역할을 주로 맡는 분이었다. 백두산 가는 길에 연변지역에 대해서 대화를 나누고 싶었던 나는 차에 탄 지 10분도 되지 않아 그 계획을 내려놓게 되었다. 위험천만한 추월과 엄청난 과속이 백두산으로 가는 내내 계속되었기 때문이다. 몸은 뻣뻣하게 굳어졌고, 손은 땀으로 흥건해졌다. 워낙 장거리를 운전해 가야 하는 길이라서 그런 것 같기도 하고, 광활한 중국 땅에서 이런 운전 문화는 일반적인 것 같기도 했다. 그래서인지 중국의 둥베이 지역에서는 크고 작은 교통사고가 나는 일도 잦다고 했다.

백두산으로 가기 전에 먼저 황천길로 가는 것이 아닐까 하는 생각이 들 무렵 한쪽 편으로 강변이 펼쳐졌다. 두만강이었다. 처음으로 본 두만강, 그리고 북조선이었다. 손만 뻗으면 닿을 듯하고 소리쳐 부르면 누군가가 답을 해올 것 같은 느낌이었다. 이른 아침이었지만 이미 북쪽은 일상을 시작한 듯 들썩거리고 있었다. 사람들도 심심치 않게 보이고, 강가의 집에서는 음식을 하는 듯 연기가 모락모락 흘러나오고 있었다.

"저쪽이 조선이 맞지요?"

"예, 저기가 북조선이고. 저기 사람들 걸어가는 것 보이지요?"

운전대를 잡고 무심한 듯 김씨가 말했다.

"실제로 보니 정말 가깝네요."

"저기 위쪽으로 올라가면 강폭이 더 좁은 데도 많아요. 여기는 그래도 넓은 축에 속하는 곳이고. 여기 사람들은 뭐 지천으로 보는 게 북쪽 사람들인데. 그런데 저쪽은 참 못산다고."

또다시 못사는 북조선 사람 얘기가 나왔다. 먹을 것이 풍부한 연길 조선족에 비하면 북조선 사람은 생존을 위한 식량을 걱정해야 할 처지이니 그럴 만도 하다. 게다가 이 시기에 북조선은 고난의 행군이라고 불리는 최악의 식량난을 이제 막 벗어난 터였다. 굶주림과 전염병으로 목숨을 잃은 사람이 셀 수 없이 많았고, 이곳 사람들은 북조선의 끔찍한 상황을 매 순간 목격하고 있었다.

"내는 여기 넘어온 사람들도 숱하게 도와주고 그랬는데. 한도 끝도 없다고. 한두명이어야지."

힘든 시기에 무작정 강을 넘어온 북조선 사람을 도와준 조선족이 상당히 많다. 중국 쪽 접경지역에 조선족이 없었다면 북조선 사람들도 쉽사리 국경을 넘을 생각을 하지 못했을지 모른다. 무작정 강을 건너 민가를 찾아 들어가 조선어로 도와달라고 한 사람들도 꽤 있었다. 배고프다는 사람들을 외면하기 어려웠던 조선족들은 밥을 내오고, 옷을 주고, 없는 살림살이를 털어 차비를 대주기도 했다. 하지만 그런 일이 몇해 동안 계속되고 북조선 사람 중에 몇몇이 조선족 마을에 피해를 입히는 일이 발생하면서 그들에 대한 반감이 깊어지기도 했다. 국경을 맞대고 있는 연선지역 조선족의 삶이라는 것도 풍족하지 않기는 매한가지였다. 근근이 농사를 지어 생활을 하거나 북조선과의 밀무역 정도로 살아가는 조선족에게 북조선의 식량난은 직접적으로 영향을 미칠 수밖에 없었다. 연선지역의 조선족에게는 중국, 북조선과 같은 국가보다 강 건너 이웃마을이 훨씬 더 가까웠던 것이다.

달리고 달려 백두산에 도착했다. 차를 타고 백두산 정상인 천지까지 올라갈 수 있는 북파 루트를 선택했다. 천지를 중심에 두고 서쪽으로 올라가는 서파 루트는 상당수의 계단을 직접 걸어 올라야 하기에 혜자 아주머니는 별로라고 했다. 물론 나중에 안 것이지만 서파에서 천지 전체를 조망할 수도 있고, 북조선에 위치한 백두산 최정상 장군봉도 볼 수 있기 때문에 서파 루트는 남한의 관광객에게 인기가 있다. 게다가 중국과 북조선의 경계를 나타내는 5호 경계비가 서파 정상에 위치하고 있는데, 국경이라는 것이 결국 땅에 그어놓은 선 하나라는 것을 다시 한번 느끼게 한다.

백두산의 날씨는 변덕스럽기로 유명하다. 백두산 어귀에서 아무리 날씨가 좋더라도 천지에는 강풍에 눈비까지 내려 몸을 움직이기도 어려운 적이 많다고 한다. 다행스럽게도 천지에 가까워질수록 하늘은 더없이 맑아지고 있었다. 북파 정상에서 차에서 내려 2, 3분이나 걸었을까. 천지가 눈앞에 펼쳐졌다. 아름다웠다. 언어로 표현할 수 없을 정도였다.

갑작스레 가슴에서 무언가 뜨거운 것이 올라오는 느낌이 들었다. 북조선이 너무 지척이라 그런 것인지, 교과서에서 배운 것처럼 '민족의 명산'이라는 곳에 왔다는 감격 때문인지. 갑작스런 감정에 조용해진 나를 보면서 혜자 아주머니가 말한다.

"남한 사람들은 여기 오면 뭔가 그렇게 감격하던데."

옆에서 듣던 김씨가 짓궂게 대답한다.

"여기 와서 별짓들 다 한다고. 국가도 부르고. 국기를 어디서 가져와서 막 흔들고. 공안이 이제 그런 짓 못하게 단속한다니까."

신기한 일이다. 특별히 분단 문제나 북조선에 관심이 없던 이들까지도 천지에 오르면 특별한 감정에 휩싸이게 되니 말이다. 아름다운 자연경관 이상의 느낌의 근원은 무엇일까? 이곳에 켜켜이 쌓여 있는 역사의 무게 같은 것이 전해져서 그런 것일까?

연변 곳곳에서 조선인의 흔적을 마주할 때도 그랬다. 조선인이 모여 살았다고 알려진 용정에 있는 윤동주 시인의 흔적에, 만주까지 밀려난 독립운동가들의 회합 장소였던 일송정에서의 풍광에 시도 때도 없이 울컥했다. 황량한 이곳에서 조선인들은 얼마나 고단했을 것인가. 강 건너 북조선 사람들은 지금도 얼마나 고단한가?

2019년 여름: 조선족 청년의 일그러진 얼굴

연길은 이제 내가 가장 좋아하는 곳이 되었다. 다시 연길을 방문한 것이 2012년 여름이었고, 그 이후부터는 시간 날 때마다 연변 지역을 돌아다녔다. 중국 대도시에서 확인되는 경제발전의 속도 정도는 아니더라도 연길도 빠르게 성장하고 있었다. 2015년 연변 지역에 고속철도가 생기면서 물류와 사람의 이동이 더욱 많아지게 되었다. 위용을 갖춘 기차역이 들어서고, 공항의 노선은 중국 내 대도시 및 남한과 일본 등을 오가는 노선으로 빼곡히 채워졌다.

둥베이 3성 지역과 남한을 잇는 물류에 대한 관심도 깊어졌다. 2014년에는 포스코와 현대 그룹이 나서 훈춘 지역에 커다란 물류단지를 만들기도 했다. 북조선과의 경제교류가 활성화될 경우 둥베이 3성 지역을 물류의 허브로 만들려는 시도였다. 하지만 정치상황의 진전이 더딘 까닭에 이 지역의 개발은 기대에 훨씬 못 미치는 상황이다. 이 지역은 산업을 통한 생산보다는 소비에 기대 작동되고 있다. 여전히 일자리는 부족했다.

조선족의 경제이주 역사는 20년이 넘어가고 있다. 남한에서 일하는 부모가 늘어났고 아이들과 노인들은 홀로 남겨져 생활한다. 아이들은 부모를 그리면서 한국의 대중문화에 빠져들어 하루하루 살아간다. 타지에 나간 자녀를 기다리며 홀로 일상을 살아가는 조선족 노인도 많아졌다. 각기 다른 공간에서 살아가는 가족은 서로 연결되어 있지만 동시에 단절되어 있기도 하다. 더 잘살기 위해서 감행한 이주가 가족의 해체로 귀결되는 일도 많다. 연길로 돌아오겠다는 조선족도 있지만 상당수는 남한이나 타 도시에서 정착하는 것을 선택하기도 한다.

한편 연길 시내를 가득 채운 사람들의 면면이 흥미롭다. 조선족의 수는 빠르게 감소하지만 사업, 선교, 교육 등의 이유로 이곳으로 이주한 남한 사람의 수는 증가세이다. 사람의 이동은 문화의 확산을 만들어낸다. 1990년대 말부터 본격화된 조선족의 경제이주는 연변 지역 조선족 커뮤니티의 커다란 변화를 가져왔다. 조선족 여성이 경제이주의 주요 주체가 되면서 가족이 파괴된 사례도 급속하게 늘어났다. 남한에서 커다란 성공을 거둬서 부유한 삶을 사는 이들도 있는 반면 돈을 벌기는커녕 몸과 마음을 다쳐 고향으로 돌아오는 이들도 상당하다.

또한 돈 벌러 타국으로 간 부모를 기다리던 연변 지역의 아이들이 이제는 청년이 되었다는 것도 흥미로운 지점이다. 부모의 송금에 기대어 살면서 열악한 교육 및 생활 여건에 노출된 조선족 청년들이 경험하는 소외감은 심각한 수준으로 알려져 있다. 조선어를 많이 잃어버려 조선족의 정체성이 흐릿한 청년들도 있지만 반대로 남한의 대중문화를 동경하면서 남한으로의 이주를 꿈꾸는 이들도 많다.

한번은 식사를 하러 간 식당에서 옆 테이블에 앉은 조선족 청년들의 이야기가 귀에 들렸다. 세 명의 남녀 청년들이 남한에 가고 싶다는 얘기에 여념이 없었다. 일행 중에 유일한 남성은 이곳에서 대학을 다니고 나머지 두명의 여성은 특별한 직업이 없는 듯했다. 세명 다 부모가 모두 남한에서 일을 하고 있어서, 자주 한국을 오가면서 생활하고 있는 것으로 보였다.

"난 뭐래도 한국 나갈 거다. 엄마가 오지 말라고 해도 난 갈 거다."

결기에 찬 목소리로 한 여성이 말한다.

"거기 나간다고 뭐 별수 있나."

남성이 한숨을 쉬면서 답한다.

"거기 가면 다 좋다. 이쁜 거도 많고, 돌아다니면 다 좋다."

또다른 친구가 얘기한다.

그들의 이야기에 집중하는 것이 예의에 어긋난다는 것을 알고 있으면서도 신경이 쓰이는 것은 어쩔 수 없다. 20대 초반은 되었을까? 남한의 연예인 이야기, 남한에서 유행하는 스타일 이야기, 서울의 유흥가에 대한 이야기가 대부분이었다. 연길에 머무르는 것보다는 고생스럽더라도 남한으로 가는 것이 훨씬 더 낫다고 판단하는 것으로 보였다. 하긴 휘황찬란한 서울의 거리에 매혹되는 이들이 한둘이던가. 그들이 남한을 동경하는 이유는 화려한 소비 문화 때문이다. 미디어에 그려진 화려한 삶은 우리 모두의 정신을 쏙 빼놓으니 말이다. 하지만 그러한 삶은 극소수에게만 가능하다. 물론 빚을 내서라도 그런 삶을 추구할 수 있겠지만, 그 끝에 무엇이 기다리고 있을지는 짐작 가능하다.

그들의 얘기를 들으면서 마음이 무척 무거웠다. 무엇보다 조선족 청년들의 마음속 깊은 곳의 혼란이 걱정스러웠다. 중국의 국가 정체성과 조선족이라는 민족 정체성 사이에서의 혼란도 그러하고, 이주자의 가족으로서 연길과 서울을 동시에 살아가면서 경험하는 고통이 느껴졌기 때문이다. 연길의 도심은 눈이 부시게 발전하고 있었지만 어쩐지 모든 것이 위태롭게 느껴졌다.

다음 날에는 서울에서 만난 적 있었던 조선족 대학원생 영철의 가게를 방문했다. 그가 교환학생으로 1년 넘게 서울에서 생활했을 때 맺어진 인연이었다. 그는 아버지가 자치주 정부의 상당한 고위급이어서, 학위만 받으면 탄탄대로를 걸으리라는 것이 주변의 평가였다. 학위 공부를 마치는 데 집중하고 있을 것이라는 예상과는 다르게 영철은 연길에 고급 바를 개업했다고 한다. 어떤 가게일지, 그가 어떤 마음으로 사업을 시작한 것인지, 그곳을 드나드는 사람들은 어떤 이들인지 궁금해 일부러 가게를 찾았다.

연길 시내에 위치한 그의 가게는 외관부터 상당히 세련되었다. 서울의 여느 바와 비슷한 분위기를 풍기고 있었다. 피자와 감자튀김 같은 간단한 안주에 수입 맥주와 위스키 등을 파는 곳이었다. 가게 안에는 이미 젊은 조선족들이 빼곡히 들어차 있었다. 영철은 테이블과 주방을 오가면서 일하고 있었다. 대부분의 손님이 영철의 지인들로 보였는데, 이들이 말로만 듣던 부유한 조선족 청년들일 터였다. 남녀 가릴 것 없이 명품으로 휘감은 화려한 모습이었다. 좋은 차를 타고 돌아다니면서 위스키를 마실 정도의 재력이라면 겉치장에도 신경을 쓸 것이 분명했다.

영철은 가게를 연 지는 6개월이 채 되지 않았는데, 서울에 머물 때부터 연길에서 바를 열기 위해서 이곳저곳을 돌아봤다고 했다. 가게가 아직 완전히 자리잡지 않았지만 궁극적으로는 싱글몰트만 파는 위스키 바로 만들려고 한다고 덧붙였다. 그렇다고 공부를 그만둔 것은 아니었는데, 아버지가 공부와 사업을 병행하는 조건으로 가게 창업을 허락했기 때문이다.

"공부도 마치고, 직장도 구할 거예요. 학교로 갈 수도 있고요. 바가 잘 되려면 또 인맥도 필요하니까, 낮에는 일을 해야 해요."

영철의 미래를 궁금해하자 그가 답한다. 영리한 영철은 대학에 자리를 잡든 아니면 공무원이 되든 일을 하면서 비공식적으로 바를 운영하려는 계획을 갖고 있었다. 정부나 학교 쪽의 인맥이 바를 운영하는 데도 필수적이라는 것이 그의 설명이었다. 이런 스타일의 바가 연길에서 인기가 있는지 묻는 나에게 남한을 오가며 자란 자신 같은 조선족들이 자신의 주요 고객이라는 말을 덧붙이기도 한다.

전날 우연히 들은 조선족 청년들의 고민이 영철의 자신만만한 목소리와 겹쳐진다. 조선족 청년의 경험과 정체성의 분화가 확인되는 지점이다. 삶의 조건이 다르니 당연한 일이다. 그럼에도 자신이 지닌 자원과 경험을 십분 활용하여 사업에 나서는 영철 같은 조선족 청년이 과연 얼마나 될까 하는 생각도 스친다. 경제이주를 떠난 부모를 그리워하며 자란 대부분의 조선족 청년들이 경험하는 무력감과 소외감을 더욱 주목해야 하는 이유다. 청년이 중요한 이유는 결국 그들이 그 사회의 미래를 결정짓기 때문일 것이다.

조선족 커뮤니티가 급격한 소비주의의 확산과 경제이주로 인한 혼란과 고통에 신음한다는 것은 결국 남북을 이어주는 가장 중요한 가교에 균열이 발생하는 것이기도 하다. 조선족의 위기로 가장 큰 타격을 받는 이들은 북조선 인민들이 분명하다. 남한이야 뭐 그렇다고 하더라도, 북조선의 경우에는 변경지역의 밀무역뿐만 아니라 중국과의 공식적 경제교류도 어려움에 봉착할 확률이 높다. 그만큼 북조선 사람들과 조선족은 서로 의지하며 살아왔다. 하지만 조선족자치주를 떠나는 조선족이 늘어날수록 북조선 사람들과 조선족의 네트워크는 약화되었다. 교류와 협력의 빈도가 줄어들면 사람들을 끈끈히 이어줬던 감정도 사라지게 된다. 남한 문화에 익숙하거나 혹은 중국인이라는 국가 정체성이 강화된 조선족 청년들에게 강 건너 가난한 이웃마을이 눈에 들어올 리가 없으니 말이다.

　　도구적이라고 비난할 수도 있겠다. 조선족 커뮤니티의 변화를 그 자체로 바라보는 것이 아니라 북조선의 상황, 더 나아가 분단이라는 맥락에서 접근하고 있으니까. 굳이 변명을 해본다면 내가 겪은 조선족은 남한과 북조선 사이에서, 조선족이라는 민족과 중국인이라는 국가 사이의 긴장 속에서 오랫동안 살아왔으며, 이러한 경험이야말로 그들의 정체성을 규정짓는 문화적 자원이다. 태생적 제약으로 인해 경쟁하는 세력이나 국가를 넘나들며 구축한 유동적 정체성이야말로 조선족이 지닌 끈질긴 생명력의 근원이라는 뜻이다. 그만큼 남한과 북조선 같은 주변과의 관계, 이주와 도시화로 촉발된 정치·경제적 상황, 식민과 사회주의 혁명과 같은 역사적 경험 등을 함께 고려할 때 비로소 지금 조선족이 마주한 어려움의 복합성을 파악할 수 있다. 예컨대 식민주의와 사회주의 혁명 시기에도 굳건하게 버텨온 조선족 커뮤니티가 냉전 시기에는 일정 부분 유지되었지만 탈냉전과 이주의 세계화가 본격화된 1990년대 중후반 이후부터 급격한 위기에 봉착하게 된 이유는 연변 지역이 지닌 '접경'으로서의 역동성이 소비주의와 자본주의가 추동한 욕망과 삶의 형태로 빠르게 동질화되었기 때문이다. 냉전 시기 지정학적 위치로 인해 북조선 인민들과 친밀한 관계를 구축했던 조선족들은 경제적으로 풍요롭지는 않았지만 조선족의 문화를 유지할 수 있었던 반면에, 이들이 세계화로 인해 남한 및 도시로의 이동을 본격화하게 되자 가족은 해체되었으며 청년들은 고향을 떠날 궁리에만 매달리게 된 것이다.

이제는 조선족이라는 커뮤니티의 안존을 걱정해야 하는 상황이 도래했다. 타지역으로의 이주가 확대되고 있으며, 자원이 없어 고향에 남겨진 조선족은 미래에 대한 희망 없이 살아가고 있다. 게다가 부모의 송금에 기대어 아동기와 청소년기를 보낸 조선족 청년들이 경험한 소외와 상처가 생각보다 심각한 생채기를 만들어내고 있다. 참으로 안타까운 일이다.

2019년 여름: 북조선 여성 이주자의 조력자들

그사이 박사장과 혜자 아주머니는 연길 외곽에 집을 짓고 정착했다. 부동산 광풍이 잦아들자 베이징에서의 사업이 별 재미가 없어져서다. 연길로의 귀향을 언제나 꿈꿨던 터라 돌아오는 것은 어렵지 않았다. 박사장의 동무들 대부분도 은퇴를 하고 소일거리 하며 지내고 있었다. 혜자 아주머니는 연길과 서울을 오가면서 생활하고 있다. 최근에 자녀들이 한국에 머물게 되면서 아예 집을 하나 얻어서 상당 기간 서울에서 시간을 보낸다.

서울과 연길을 오가면서 만나온 터에 박사장과 혜자 아주머니와는 더욱 친근해졌다. 하지만 예전처럼 숙소며 교통편을 전적으로 의지하면서 연길에서 지내지는 않는다. 내 나름대로 시간을 보내다가 식사 한두번 정도 하는 것이 익숙해졌기 때문이다. 그렇다고 혼자서 뭐 특별한 일을 하는 것도 아니다.

"이제 연길이 익숙하겠네, 성경이."

혜자 아주머니가 신기한지 묻는다.

"그때 초대해주셔서 이렇게 되었나봐요. 자주 오게 되네요."

혜자 아주머니는 내가 북조선 사람들을 연구하게 되면서 시작한 발걸음이라는 것을 알고 있지만 별로 개의치 않는 것 같았다. 나는 언제나 북조선에 대해서 묻곤 했지만, 그녀는 일관되게 관심이 없었다. 그럼에도 나는 습관처럼 비슷한 질문을 반복한다.

"주변에 혹시 북에서 오신 분들 없으세요? 동무 중에서 북에서 오신 분들을 만난 분이라도 좋고요."

"가만있어보자. 거 용정에 그 송씨가 북조선에서 온 아이 쓴다고 하지 않았어요?"

혜자 아주머니가 박사장에게 묻는다.

"그런 것 같던데…… 전화 한번 해보라."

혹시나 최근에 북에서 나온 분을 만날 수 있을까 싶어 심장이 마구 날뛴다. 물론 이러한 기대가 실망으로 바뀐 적이 훨씬 더 많다. 혜자 아주머니가 전화를 해 다짜고짜 송씨라는 분에게 물었다. 결론을 먼저 말하자면, 북조선에서 온 여성을 식당 종업원으로 잠깐 쓰기는 했는데, 이 여성이 돈을 벌더니 북으로 돌아간다고 떠났다는 것이다. 이렇듯 북조선 여성 중의 상당수는 중국에서의 정주를 목적으로 국경을 넘지 않는다. 대부분은 여행허가증을 만드는 데 들어간 돈과 가족 부양을 위한 생활비, 장사 비용 등을 마련하여 북으로 돌아갈 계획으로 중국으로 들어온다. 아마도 송씨 집에서 일했다는 그 여성도 비슷했던 것으로 보인다.

손이 빠르고 깔끔한 북조선 여성은 조선족 음식점이나 상점에서 상당히 인기 있는 노동력이다. 무엇보다 적은 임금으로도 고용이 가능하다는 것이 사업자에게 큰 매력이다. 사사여행증의 기한이 지난 북조선 사람을 쓰다가 공안에 적발되면 문제가 되기 때문에 주변에 북조선 사람을 고용하고 있다는 사실은 숨기는 경우가 대부분이다. 반대로 조선족 사업주 중에서는 북조선 사람을 고용해서 쓰다가 임금 지급을 회피하기 위해서 일부러 신고하는 사람도 있다. 이러한 경험이 축적되면서 조선족과 북조선 사람들 사이에 불신도 싹트게 되었다.

연길에 올 때마다 느끼는 막막함이 또 스멀스멀 올라온다. 지난해에 만난 북조선 여성을 다시 만나리라는 보장은 없다. 북으로 돌아가는 이들도 있고, 그들이 설혹 연변 지역에 머무르고 있다고 하더라도 전화번호를 바꾸는 경우가 많다. 지금까지는 북조선 이주자를 알고 있는 조선족을 통해서 그들을 소개받곤 했다. 운 좋게 몇명만이라도 만날 수 있으면 다시 그들을 통해서 친구들을 소개받을 수 있다. 물꼬가 트이면 몇명을 쉽게 만날 수 있지만, 어떤 해는 한명도 만나지 못하고 서울로 돌아간 적도 있다.

올해는 그 첫 고리가 잘 풀리지 않았다. 북조선 이주자가 예전만큼 많지 않다는 것도 원인이다. 2012년 김정은정권이 들어선 이래로 국경을 넘는 일 자체가 점차 어려워졌고, 중국정부의 단속까지 삼엄해지면서 불법적 신분을 지닌 북조선 이주자가 연변 지역에서 버티는 것이 어려워졌기 때문이다. 더욱이 북조선에 친척이 있는 조선족이라도 예전만큼 교류하는 이들을 찾기 어렵다. 작년에 혜자 아주머니가 소개해준 은정에게 전화를 해야겠다는 생각이 든다. 조선족인 은정은 연길 시내에서 약국을 운영한다. 작년에는 식사 한번과 짧은 인터뷰를 한 것이 다였으니, 이번에는 제대로 만나봐야겠다는 생각이었다. 그녀는 약국을 하면서 북조선 여성들을 도와주고 있었다. 그녀의 약국은 조선어로 사정을 말하고 약을 구할 수 있다고 북조선 여성들 사이에서 입소문을 탄 곳이다.

1년 만의 연락에 은정은 약간은 놀란 듯 전화를 받는다. 그러면서도 이내 내 목소리를 기억하고 약국으로 놀러 오라고 한다. 낮에는 그녀가 가게를 비울 수 없기 때문에 그녀를 만나려면 그곳으로 가야 했다. 은정은 40대 중반 정도가 된 조선족 여성이고, 남편과 딸 하나를 둔 평범한 주부이기도 하다. 푸근한 성격을 지닌 그녀는 상대방을 편안하게 했다.

"여전히 북에서 오신 분들 만나기도 하고 그러셔요?"

다행스럽게 약국에는 은정 혼자 있어 내가 궁금했던 것을 바로 물어볼 수 있었다.

"작년만큼은 아닌데, 자주 와서 약도 달라고들 해서 주고 그래요. 오랫동안 드나드는 단골은 여전하고요."

은정이 북조선 여성을 돕기 시작한 데는 그녀의 종교적인 신념이 한몫을 했다. 조선족 중에서 종교를 갖고 있는 이들은 상대적으로 적지만 은정은 교회를 열심히 다닌다고 했다. 교회를 통해서 북조선 여성을 처음 만났고, 그 이후에 힘이 닿는 한 돕고 있다는 것이다. 작게는 약국에 와서 약을 찾는 이들의 이야기를 들어주기도 하고 북조선에 물건이나 돈을 보내려는 여성들에게 교회 사람이나 이웃들의 안 입는 옷이나 생활용품 등을 모아서 주기도 한다.

"요즘은 식당 일이 위험하다고 해서 대부분 보모 일을 많이 해요. 연길에서는요. 저기 연선지방으로 내려가면 식당 같은 데서 일하면서 먹고 자고 하고요."

그러면서 은정은 자신의 지인 식당에서도 북조선 여성이 일을 하고 있다고 했다. 연선지방의 작은 식당으로 산에 올라가 나물도 뜯어야 하고 작은 규모지만 농사도 지어야 하는 곳인데, 북조선에서 온 여성과 지인이 식당에서 서로 의지하면서 살고 있다는 것이다. 두번의 겨울이 지나고 북조선 여성이 이제는 북으로 돌아간다고 해서 지인이 크게 상심하고 있다는 말도 덧붙였다. 그 여성이 나올 때부터 새로 배정받은 집을 꾸릴 돈과 장사할 밑천

정도 모이면 돌아간다고 했지만 막상 떠난다고 하니 섭섭한 마음이 더 많이 든다는 것이다. 그 여성을 만나러 가야겠다는 내 마음을 읽어낸 것인지 은정은 거기는 너무 멀어서 가기 쉽지 않다고 못박는다. 하긴 지인과 둘이서만 지냈다고 하는데, 갑작스레 외지에서 연구자가 들이닥친다면 북조선 여성은 크게 당황할 것이 분명하다.

다른 여성들은 어떻게 지내는지 묻자, 은정은 목소리를 더 낮춰 말한다.

"약국에 오는 여성들은 다들 몸이 안 좋아요. 나쁜 병도 많이 걸렸고."

"나쁜 병이요?" 하고 묻자, 그녀가 조용히 말한다.

"여기서 그런 일 하는 여자들이 많아졌으니까요."

연길의 유흥업은 워낙 유명한 터였다. 불법적 신분으로 연길에서 버텨야 하는 북조선 여성들이 성산업에 내몰리게 된 것은 예상 가능한 일이었다. 게다가 북조선 여성의 인신매매 피해에 대해서도 많이 알려지지 않았던가. 전화방, 마사지숍, 술집이나 가라오케 등 거미줄처럼 뻗쳐 있는 성 관련 산업에서 북조선 여성은 가장 쉬운 먹잇감이 분명했다. 은정은 오늘 오전에도 북조선 여성이 약국에 들러서 성병 약을 찾았다고 했다. 그 여성도 힘들 것 같아 아무 말도 안 하고 약을 챙겨주었다고 했다. 상대방이 굳이 더 얘기를 하지 않으면 은정은 결코 더 말을 거는 법이 없었다. 도와주겠다는 마음에 오지랖을 부렸다가 낭패를 본 이후부터 나름의 원칙을 세운 것이다.

"아, 그런 분들 만나고 싶은데요. 어떻게 지내시는지 알고 싶어요."

"그게 그렇게 쉬운 일이 아닐 것 같아요. 그 사람들이 원하는지도 모르고. 그것도 남조선에서 왔다는 사람 만나는 게……"

은정은 사려 깊은 표정으로 답했다. 순간 나의 욕심이 부끄러워졌다. 나의 궁금증이 그녀들에게 상처가 될 가능성은 충분했다. 마치 내가 탐정이라도 되는 듯이 충격적인 생활을 탐문하는 것이 그녀들의 삶에 그 어떤 도움도 주지 못하리라는 것은 분명하다. 게다가 그녀들이 비슷한 또래의 여성이지만 자신과는 전혀 다른 삶을 살고 있는 이에게 자신들의 속마음을 털어놓기란 쉽지 않다. 자신들이 하는 일에 관련된 질문이 그녀들로 하여금 모욕감이나 모멸감을 느끼게 할 수도 있을 터였다.

은정은 결코 자신이 만나는 북조선 여성을 소개해주는 법이 없었다. 그저 그들이 어떻게 살고 있는지 조금씩 얘기해줄 뿐이었다. 마음속 깊은 곳에서 나는 은정이 한두명이라도 소개해주기를 바란 것 같다. 하지만 지금 와서 돌이켜보면 은정의 판단이 맞았다. 혹여나 북조선 여성이 나를 만나고 상처를 입는다면 그건 오랫동안 쌓여온 그녀들과 은정 사이의 신뢰에도 영향을 미칠 것이 분명하기 때문이다. 무엇보다 은정은 북조선 여성들이 조금이라도 편안하게 지낼 수 있도록 돕는 것에 집중했다. 지금 있는 그 자리가 아무리 참혹하더라도 그녀들이 그 무게를 견뎌내도록 조용히 곁을 내주려 했다.

북조선 여성들이 중국에서 삶을 그나마 계속할 수 있었던 이유는 바로 은정과 같은 이들이 여전히 이 지역에 존재하기 때문이다. 북조선 여성들이 필요한 것은 그리 큰 것이 아니다. 따뜻한 밥 한끼, 잠시 몸을 숨길 수 있는 쉼터, 그리고 돈을 벌 수 있는 일자리였다. 그걸 알아챈 따뜻한 조선족 이웃 몇몇이 자신들의 식탁에 수저를 놓고, 건넛방에 불을 넣고, 그리고 주변에 일자리를 알아봐주고 있는 것이다. 그들의 기준에서는 그리 큰 일이 아닐 수 있다. 그들은 그저 각자의 자리에서 할 수 있는 일을 했다고 생각한다. 내가 연길을 좋아하게 된 이유는 바로 곳곳에서 이런 선한 이웃을 마주해서다.

5장
어머니라는 이름의 안팎

강인한 북조선 여성

　2012년부터 조·중 접경지역에 머물고 있는 북조선 여성을 만났다. 어떤 이들은 몇해에 걸쳐서 만나기도 했지만 대부분은 한번의 만남 이후에 소식이 끊기기도 했다. 그중 몇몇은 몇년 후에 남한에 도착했다는 연락을 해오기도 했다. 그럼에도 아마도 대부분은 북의 가족에게 돌아갔거나 아니면 중국 내에서 좀더 안전한 곳을 찾아 이동을 계속하고 있을지도 모른다.

　연구 초반에 만난 북조선 여성은 대부분 시골에 거주하는 조선족이나 한족과 결혼하여 살고 있었다. 각자의 이유가 어떻게 되었든 중국으로 건너오고 난 이후에 조금이라도 안전하게 살기 위해서 결혼을 선택한 사례가 대부분이었다. 아무리 조선족이 많은 연변 지역이라고 해도 중국말을 하지 못하는 북조선 여성이 자신의 몸을 숨긴 채 돈을 벌기란 쉬운 일이 아니다. 이들은 결혼을 통해서 자신의 불법적 신분을 잠시 숨기기도 하고, 배고픔에 찌든 삶에서 벗어나려 했다.

2012년에 만난 희경의 삶이 그러했다. 희경은 조선족 대방과 주기적으로 만나며 그에게 직접 경작한 농산품을 팔면서 지내고 있었다. 조선족 대방을 통해서 그녀와 비슷한 처지의 북조선 여성들과도 교류하면서 꽤나 안정적으로 지냈다. 그녀의 첫인상은 퍽이나 강인했다. 큰 키에 각진 얼굴, 까무잡잡한 피부, 거기에 높은 톤의 큰 목소리가 강한 인상을 만들어냈다. 그녀는 연길시 외곽의 작은 마을에 살면서 연길에 자주 나오곤 했다. 남한에서 온 연구자를 만난 것이 처음이 아닌 것 같았는데, 왜냐하면 나를 만나자마자 마치 남한 사람들이 궁금해하는 것이 무엇인지 아는 듯이 북조선에서 자신의 삶이 얼마나 힘들었는지를 쏟아냈기 때문이다. 사실 그 당시만 해도 나는 북조선 내부의 사정에 대해서는 크게 관심이 없었다. 오히려 접경지역 등을 오가는 북조선 여성의 초국적 이동성에 대해서 더 알고 싶었다.

희경은 상당한 자부심을 가진 여성이었다. 북에서도 대학 교육까지 받았으며, 친정 식구들은 당원으로 평양에서 살고 있다고 했다. 북에서는 군대를 다녀온 이들을 '제대군인'이라고 부르는데, 군대 이력은 당원이 되는 데 유리해서 상당히 많은 남성들이 군대를 다녀온다. 희경의 남편도 당원이 될 계획 아래 군대를 다녀왔지만 워낙 나쁜 성분 탓에 당원이 되지 못했다. 남편을 따라 평양에서 국경지역으로 이주한 희경은 아들 딸 하나씩을 낳고 그

럭저럭 살게 된다. 하지만 고난의 행군 시기에 남편이 병에 걸려 죽고, 학교 기숙사에서 영양실조에 걸려 고생하던 아들마저 목숨이 위태롭게 되자 국경을 넘을 결심을 하게 된다.

"내가 옥수수 국수를 사서 이렇게 끓여놓고 그랬단 말입니다. 이것 다 먹고, 조금만 기다리고 있으라고, 그러면 내가 먹을 것 가지고 오겠다고."

희경은 영양실조가 심각한 수준이었던 아들을 살리기 위해서라도 뭐든 해야 했다.

"그렇게 여기 왔는데, 그게 다시 못 돌아가고 이렇게……"

순간 무거운 침묵이 나와 희경 사이에 내려앉았다. 감히 짐작조차 쉽지 않은 고통 앞에서 위로의 말을 찾기란 어려운 일이었다. 슬픔이 고조되자 갑작스레 분노의 감정이 그녀의 몸에서 뿜어져 나왔다. 거침없이 자신의 감정을 표현하는 모습이 그녀의 성격을 일정 부분 보여주는 것이기도 했다. 그녀는 극단적인 상황에서 웅크리지 않았고, 적극적으로 자신을 드러내며 버티고 있었다.

"아무도 모른다니까. 나는 누가 고생했다, 힘들었다, 뭐 그런 말 하면, 암 말도 하지 마시오, 이런다고. 남편을 그렇게 한순간에 보내고, 급기야 내 무릎에서 아들이 점점 힘이 빠지는 것을 보는 그 마음이 어떤지 아무도 모른다고."

그녀는 중국으로 나온 지가 벌써 수년이 지났으니 참으로 기구한 삶이었다. 아들을 살리겠다고 국경을 넘었지만 오도 가도 못하는 처지가 된 것이다.

"여기 와서 돈을 아무리 벌려고 해도 잘 안 되고. 일 좀 할 만하면 또 쫓겨나고. 그러다가 아들이 죽었다는 소식을 듣게 된 거예요. 남은 딸은 들어오지 말라고 하고."

아는 사람 하나 없는 중국 어디에서 어떻게 기거해야 하는지 막막하기만 했다. 그때 주변에서 그녀를 딱하게 여긴 이들이 조선족 마을에서 농사지으며 살아가는 지금의 남편을 소개해줬다. 쓰러질 것 같은 초가집에 처음 도착한 날, 실수한 것 같아 아찔했지만 그렇다고 뾰족한 수가 있는 것도 아니었다.

"그 집을 내가 다 꾸렸다고. 엉망인 집이랑 밭이랑 내가 다 제대로 꾸리고. 이제는 살 만하지. 이제는……"

강인한 인상은 아마도 이곳에서 살아남으려 발버둥치다가 만들어진 것일 수도 있겠다는 생각이 스친다. 배운 것 없는 남편은 잠시 몸을 숨길 피난처를 제공해주기는 했지만, 그것뿐이었다. 나머지는 모두 다 그녀가 헤쳐나가야 했다.

희경은 북에서 상당한 교육을 받은 여성이었다. 직장생활도 했기 때문에 사회성도 뛰어났다. 그녀가 연길 시내를 오가면서 농산물을 팔 수 있었던 것도 다 그녀의 수완 덕분이었다. 조선족 대방에게 농산물을 넘기는 사업을 시작한 것도 그렇고 혹여나 필요할까 싶어 남한에서 온 사람들을 만나는 것도 두려워하지 않았다. 시내를 돌아다니면서 자신이 넘긴 농산물이 어느 정도에 팔리는지 모니터링을 하는 것도 잊지 않는다. 생존 능력이 뛰어나고 자존심이 강한 희경은 농산물을 흥정할 때도 마음에 들지 않으면 소리치며 싸우곤 했다. 자신이 필요한 것을 정확하게 표현할 줄 알았고, 부당한 취급에 대해서 분노하기도 했다. 하고 싶은 말을 분명히 하는 그녀를 보면서 나는 이상하게 마음이 놓였다. 중국에서 숨죽이며 살다가 온갖 병을 얻은 채 힘없이 살아가는 북조선 여성을 만나는 일이 더 흔했던 까닭에 그녀의 쩌렁쩌렁한 목소리가 고맙게 여겨지기까지 했다.

자랑스런 로동당원

순영 할머니를 처음 만난 것은 2012년이었다. 중국에 머물며 한족이나 조선족과 결혼해서 사는 북조선 여성들을 만나기 위해서 수소문을 하던 차에 북조선 여성들을 소개해주는 역할을 하는 순영 할머니를 알게 되었다. 우연히 알게 된 조선족은 그녀를 통하면 북조선 여성들을 여럿 소개받을 수 있을 것이라고 장담했다. 북조선 여성들의 일자리와 그들이 잠시 기거할 만한 곳을 알선해주는 순영 할머니는 북조선 여성 커뮤니티에서 중심적 위치를 차지하고 있었다. 처음에 할머니는 딱한 동무 한둘을 돕는 것에서 출발하였지만 그 존재가 알려지면서 모두들 그녀를 "반장님"이라고 부르기 시작했다. 마치 북조선의 인민반과 같이 연길에서도 여성들의 자조 조직이 있는 듯했다.

연길 시내 중심에서 만난 할머니는 건장한 풍채에 낮은 목소리가 인상적이었다. 푸근한 모습에 상대방을 무장해제시키는 묘한 매력이 있는 분이기도 했다. 과연 이 사람이 중국에서 불법적 신분으로 지내는 것이 맞는지 의심스러울 정도로 연길 시내를 제

집인 듯 활보하고 다니는 할머니의 모습은 감탄스러울 정도였다. 하긴 조·중 접경지역의 일상에서 북조선 여성들은 적절하게 자신의 신분을 숨긴 채 살아가고 있기에 매 순간 긴장을 하거나 주눅들어 움츠러들 필요는 없었다. 게다가 중국과 북조선의 문화와 민족이 혼재되어 있는 접경지역의 독특한 성격이 북조선 여성들에게 상당한 자율성을 보장해주기도 한다.

"우리 조선 여성들을 만나고 싶다고요?"

이미 중간에 다리를 놔준 조선족에게 나에 대한 이야기를 들은 듯했다. 딸과 비슷한 또래인 나에게 꼬박꼬박 선생님이라는 존칭을 써가며 내가 필요한 것이 무엇인지 정확하게 확인했다. 나와 같은 남한 연구자를 여러번 만난 적이 있는 것처럼 느껴지기도 했다. 내가 무엇을 궁금해하는지 알고 있는 듯 북조선 여성들의 삶이 얼마나 힘겨운지를 되뇌었다.

"우리 조선 여성들 썩어지게 고생하다가 결혼도 하고 그러지. 내가 전화를 좀 돌려볼게. 몇명 있는데, 다들 보모질 하면서 아바이들 밥해주고 그러느라 나오는 게 쉽지 않거든."

순영 할머니와 선이 닿는 대부분의 북조선 여성들은 입주해서 몸이 불편한 환자나 노인 들을 돌보는 일을 하면서 지내고 있었기 때문에 외출이 자유롭지 않았다. 매일 장을 보러 나온다는 핑계로 밖에 나와 동무들을 만나기도 했는데, 나와의 인터뷰에 응할 정도로 시간을 내는 것은 또다른 문제이기도 했다.

할머니는 북조선에서 나와 있는 여성들을 언급할 때는 꼭 "우리 조선 여성"이라고 덧붙이곤 했는데, 그만큼 할머니는 북조선 여성이라는 정체성이 무척 강한 것처럼 보였다. 또한 중국에서 불법적으로 거주하는 북조선 여성들끼리 서로 돕고 살아야 한다는 신념도 분명했다.

"우리 조선의 여성들은 어떻게든 살아남는다니까. 그렇게 생겨 먹었다고. 여기서 아바이들이랑 같이 사는 것을 보고 뭐라고 하는 사람들도 있지만, 그렇게라도 여기서 살아가는 게 더 중요한 거니까."

아마도 할머니는 남한에서 온 내가 선입견을 가지고 북조선 여성들을 만나는 것은 아닐지 걱정하는 듯했다.

순영 할머니도 보모 일을 하고 있었다. 거동이 불편한 조선족 노인을 돌보는 일이었는데, 상대적으로 외출하는 것이 자유롭다고 했다. 식사만 제대로 챙겨주면 노인은 자신이 밖에 돌아다니는 것을 뭐라고 하지 않는다는 것이었다. 순영 할머니는 중국에서 태어나 결혼하고 아이도 낳았던 까닭에 중국에서의 일상이 어색하지 않았다. 할머니의 아버지는 전라남도 해남 출신으로, 서당에서 아이들을 교육하는 선생님이었다. 예전부터 곡창지대로 유명한 전라남도였지만 먹고사는 일이 힘겨웠던 까닭에 할머니의 부모님은 중국 선양瀋陽까지 밀려오게 되었다. 할머니는 이런 가난한 집안의 삼남매 중 둘째로 태어났고, 중국에서 결혼해서 첫째 아들까지 낳았다. 북조선으로 들어간 것이 1962년도이니 젊을 때의 상당 기간을 중국에서 보냈다.

할머니의 남편은 선양 구락부에서 악사로 일하던 사람이었다. 노래를 잘하는 건 물론이고 춤도 잘 추는 미남으로 손님들에게 인기가 많았다. 중국에서 그냥 살았으면 지금 할머니의 삶이 조금은 나았을지 알 수 없지만 할머니의 남편도 조선인으로서의 정체성이 강한 사람이었다. 조선 사람들의 귀향이 본격화되던 때에 할머니네 가족도 북조선으로 이주했는데, 얼마 지나지 않아 남편은 중풍으로 몸져눕게 되었다.

"그러니까 위대하신 수령님 예순돌 생신 지나고, 74년인가 그때 풍을 맞았어. 5년을 썩어지게 앓다가 79년에 돌아갔지."

할머니 나이 고작 마흔두살에 혼자 남게 된 것이다.

순영 할머니는 북조선에 들어가자마자 청진제강소에 배치되어 노동자로서의 삶을 시작하게 되었다. 산업이나 건설 발전을 위해서도 제철산업은 중요할 수밖에 없었고, 특히 청진제강소는 국가기업소 중에서도 특급에 분류되던 주요 시설이었다. 백만 톤 철 생산 등의 구호가 한창이던 시기에 할머니는 사실상 가장으로 아이들 양육과 직장생활을 병행하였다. 그것이 가능할 수 있었던 것은 북조선의 양육 관련 제도가 정비되어 있었고 여성들이 공장에 나가 일하는 것을 당연하게 생각하는 풍토가 있었기 때문이다. 그때만 해도 열심히 일하면 그만큼의 물질적 보상을 받을 수 있는 시기여서 할머니는 사는 것이 그리 어렵지는 않았다.

순영 할머니는 북조선 국가와 로동당에 상당한 자부심이 있는 강한 여성이었다. 말끝마다 "위대한 수령님" "친애하는 장군님"과 같은 표현을 쓰거나 지도자에 대한 경어를 결코 빼먹지 않았다. 김일성 수령에 대해서 언급할 때는 특히 자부심 같은 것이 깊게 배어 있었는데, 가난한 북조선 인민들에게 김일성 수령이 엄청난 은덕을 베풀었다고 믿는 것 같았다. 일본 제국주의에서 해방된 것도 다 "위대한 수령님" 덕분이라며 과거에는 인민 모두가 한마음으로 나라에 충성하면서 살았다고 회고하기도 했다. 열과 성을 다해서 일했던 순영 할머니에게 로동당은 당원의 자격을 주었고, 중국 출신이라는 불리한 여건에서 당원이 된 까닭에 할머니는 더욱 당과 국가를 향한 충성심을 갖게 되었다.

"내 당원이었지. 그때는 정말 열심히, 하루하루 그렇게 살았지. 다른 아주마이들은 5시만 되면 다 아이들 안고 차에 타고 집에 갔다면 난 아이 그랬단 말이지. 그저 그렇게 일을 해서 중국에서 들어간 사람이 당원 되기 힘든데, 난 당원이 된 거지."

국가의 인정을 받았던 할머니가 어느 정도로 충성했는지는 그녀가 무려 68세까지 직장생활을 했다는 데서 짐작 가능했다. 북조선에서는 여성이면 55세, 남성은 60세에 직장에서 은퇴하기 때문이다. 순영 할머니는 국기 훈장 2급도 받았고, 공로 훈장도 여럿 받았으며, 은퇴 후에는 연로보장금으로 매달 8백원을 받을 수 있었다. '년로자보호법'에 따라 제공되는 연로보장금 8백원은 보통 노동자에 비해서는 상당히 높은 수준이었지만 이것으로 생활을 유지하기는 거의 불가능에 가까웠다. 특히 고난의 행군 시기를 거치며 자녀들의 경제적 상황이 더욱 악화되면서 할머니까지 경제활동에 나서야 하는 상황에 직면하게 된다. 중국 쪽의 연고가 있었던 할머니가 중국으로 나가 경제활동을 하는 것이 여러모로 가족에게 도움이 되었다. 하지만 이미 나이가 상당했던 할머니는 중국에 나가는 것보다 아들 곁에 있고 싶었다. 중국으로 나가라는 아들의 말이 비수가 되어 가슴에 꽂히기도 했다. 결국 먹는 입 하나라도 줄이는 것이 자식들을 위해서도 낫겠다는 판단에 이르러 중국으로 넘어오게 되었다.

조선로동당의 당원이라는 자부심이 강했던 순영 할머니는 중국에서도 자신의 삶을 개척하겠다는 의지가 대단했다. 중국어가 능통했던 까닭에 보모 일을 구하는 것도 상대적으로 수월했고, 어느정도 경제적으로 안정이 되자 북조선에서 온 다른 여성들에게 도움을 주는 일을 시작하게 되었다. 주로 하는 일은 보모 일을 알선하는 것이다. 조선족들 중에서 보모를 구하는 이들에게 북조선 여성을 연결해주고 약간의 사례금을 받는다. 하지만 단순히 사례금 때문에 이 일을 하는 것은 아니다. 자신에 대한 소문을 듣고 무작정 찾아오는 "불쌍한 우리 조선 여성들"에게 도움을 주고 싶다는 마음이 더 크다. 그녀들의 생활이 얼마나 힘겨운지 잘 알고 있기 때문에 어떻게든 안정적인 보모 일을 소개해주고 싶은 것이다.

사실 할머니는 여러차례 개인적인 아픔을 경험하기도 했다. 여러번 만난 끝에 들은 얘기에 따르면, 할머니는 막내딸을 북조선에서 잃은 경험이 있었다. 심장병을 앓고 있던 막내딸은 결혼 이후에 점점 더 병세가 악화되었지만 북조선 병원에서 치료받기란 쉽지 않았다. 할머니가 중국에 있는 친척들에게 부탁해 중국 병원으로 이송하기로 했지만 군당 위원장이 여행허가서를 만들어주지 않아서 결국 손도 제대로 써보지 못하고 막내딸을 먼저 보냈다. 아픈 막내딸이 자기 생일에 떡 한번 해달라고 부탁했었는데 그걸 해주지 못한 것이 못내 가슴이 아프다며 순영 할머니는 눈물을 흘리기도 했다.

그것만이 아니었다. 할머니는 중국에 있으면서도 북조선에 있는 아들, 딸, 손자, 손녀에 이르는 대가족의 생활을 책임지고 있었다. 중국에서 열심히 벌어서 돈을 보내도 식솔이 워낙 많은 까닭에 자녀들 입장에서는 턱없이 부족할 것이라며 아쉬워하기도 했다. 특히 아들에게 더 많은 돈을 보냈던 관계로 딸들이 섭섭해한다며 못내 가슴 아파했다. 아들이 중요한 세대였기 때문에 할머니는 무조건 아들에게 더 많은 생활비를 보내곤 했는데, 경제적으로 어려운 딸들이 자신들에게도 신경을 좀 써달라고 한다는 것이었다. 할머니는 나와 대화를 나누면서 딸들의 삶이 팍팍하다는 얘기를 반복했는데, 아마도 딸의 나이가 나와 비슷한 까닭에 딸 생각이 더 간절했던 것 같다. 지난해 중국까지 나와 자신을 좀 도와달라고 했다는 둘째 딸 얘기를 하면서 아픈 손가락이 하나둘이 아니라고 말했다. 아무리 타고난 체질이 건강하다고 하더라도 이제는 정말 노인인 할머니의 어깨에 너무 많은 부담이 지워져 있는 것 같아 숙연해지기까지 했다.

그래도 할머니는 연길에서 만난 그 어떤 북조선 여성보다도 자존심이 강했다. '당원'인 자신은 가족 부양에만 골몰하는 것이 아니라 공적인 일에도 관심이 많다고 거듭 밝혔다. 자신이 북조선에서 온 여성들 가운데 자신보다 못한 처지에 있는 이들에게 도움을 주는 일에 노력을 기울이는 것은 당원으로서 응당 해야 하는 사회적 의무와 같은 것이었다. 할머니는 남북 사이의 평화와 통일에 대해서도 분명한 자신의 의견을 피력했다. "조선 사람"들끼리 서로 돕고 협력해야 한다며 남한에서 온 연구자인 나에게 호감을 표현하기도 했다. 중국 땅에서 만났지만 결국 남북의 사람들은 서로 만나게 될 거라는 희망 섞인 전망도 내놓았다. 또 할머니는 "우리 조선 여성"을 돕는 것은 결국 나라와 당에 보탬이 되는 일이기에 자신은 중국에서도 나라를 위해서 일하고 있다고 말하기도 했다. 나라 살림이 어려워 중국에서 살고 있지만 모국을 원망하는 마음은 털끝만치도 없어 보였다. "수령님"이 아무리 노력해도 주변 여건이 좋지 않아 북조선이 이런 상황에 내몰리게 된 것이고, 북조선 사람들이 불쌍하고 안타깝지만 그것이 나라가 잘못했기 때문이라고 생각하지는 않았다.

무엇보다 할머니는 자신의 자리에서 무언가를 하는 것이 더 중요하다고 믿었다. 실제로 할머니와 주변 북조선 여성은 느슨한 형태의 공동체를 구축하여 중국에서의 삶을 이어가고 있었다. 나와 만날 때마다 할머니의 전화는 쉴 새 없이 울리곤 했는데, 필요한 물건을 구하는 전화부터 새로운 직장이나 거처 등을 물어보는 전화까지 용무가 다양하기도 했다. 얼마 전부터 할머니는 북조선 여성들을 모아 손뜨개로 수세미와 같은 물건을 만들어 시장에 내다 파는 일을 시도하고 있었다. 이는 마치 북조선에서 결혼한 여성들(가두여성)이 모여 가내수공업으로 물건을 만들어 파는 것과 같은 형태였다. 아직 분명한 판로가 있는 것도 아니었지만 할머니는 "우리 조선 여성들이 이대로 있을 수만은 없어서" 용기를 내서 시작했다는 말을 덧붙였다.

남한에 오실 생각은 없냐고 물었을 때 할머니는 자신이 여기서 할 일이 다 끝나면 그때 한번 생각해보겠다고 말했다. 아직은 일을 할 수 있으니 돈을 벌어 자식들에게 송금하는 일을 계속해야 한다고 다짐했다. 손녀 결혼까지 시켰으니 다음에는 손자 결혼 비용도 마련하고, 섭섭해하는 딸들에게 장사 밑천이라도 두둑이 보내줘야 할머니의 의무는 끝이 날 듯했다. 아직은 동무들이 주변에 있어서 서로 의지하고 지내는 것도 살 만하다는 것이었다. 할머니는 마지막으로 조금의 여지를 남기기도 했다.

　"모르지, 언젠가 내가 여기서 해야 하는 일이 없어지면 그때는 남조선으로 갈 수도 있겠지."

　몇해가 지나 할머니가 남한에 도착했다는 소식을 전해 들었다. 나는 고령이신 할머니가 그 고단한 길을 거쳐 도착했다는 것에 너무나 놀라 할머니에게 연락을 했다. 다행스럽게도 할머니는 중국에서 사용하던 메신저를 여전히 사용하고 있었다. 어떻게 오셨는지 묻다가, 통화 끝에 이제는 제발 자식들 걱정은 그만하고 남한에서 조금 편안하게 지내시라는 당부를 했다. 남한으로 온 친구들을 만나면서 여생을 즐겁게 보내셨으면 하는 것이 나의 바람이었다. 하지만 할머니는 남한에서도 여전히 북조선의 자녀들에게 송금을 하고 있었다. 얼마 되지 않는 국가지원금과 교회에서 받은 도움 등을 모아 여전히 자식들에게 돈을 보냈다. 중국에서 노동하는 것이 더는 어려워졌기에 남한을 선택했지만 이곳으로 또 한번의 이주를 감행한 이후에도 어머니 노릇이란 것의 끝은 없었다.

남한에서 할머니는 극소수의 사람과 연락하면서 작은 임대아파트에서 대부분의 시간을 보내고 있었다. 혼자 있는 시간이 길어지자 아들 걱정만 더욱 깊어져갔다. 접경지역에서 북조선 여성을 돌보며 통일과 평화를 얘기하던 호기로운 모습도 찾기 어려워졌다. 나는 그것이 이상하리만치 가슴이 아팠다. 순영 할머니를 지탱해주던 삶의 의미 중 하나가 떨어져나간 듯했다. 아마도 나는 할머니와 북조선 여성들의 끈끈한 교류를 지켜보며 잠시 자매애를 꿈꿨던 것 같다. 모든 삶의 조건이 풍요로워 주변과 나누는 것이 아니라 자신의 부족함에도 불구하고 더 약한 타자를 돌아보는 것의 숭고함 같은 것을 느꼈다. 가장 소외된 곳에서 가장 불안정한 존재들이 서로 연대하는 모습을 지켜보는 것만큼 감동적인 것은 없었다.

　또한 나는 중국에서 결코 주눅들지 않았던 순영 할머니를 보면서 잠시 안도했던 것 같다. 삶의 고단함을 힘없이 증언하는 피해자의 모습이 아니라 자존감이 높아 뭐든 해보겠다는 의지를 보여주는 할머니의 모습에서 여성들이 만들어가는 희망이 무엇인지 어렴풋이 가늠할 수 있었다. 아무리 고단한 상황이나 혹독한 운명 앞에서도 나름의 행위주체성을 발휘하려는 여성들의 힘을 직접 목격하였다. 국가와 법의 보호를 받지 못하는 상황에 놓인 북조선 여성들이 그나마 삶을 지속할 수 있었던 가장 큰 이유는 그들 스스로 좌절하지 않고 뭐든 해보려 최선의 노력을 기울였기 때문이다.

　마지막으로 남는 질문이 있다. 순영 할머니는 무슨 연유에서 남한행을 선택하게 된 것일까? 예전에 내게 말한 것처럼 중국에서 더이상 할 수 있는 일이 없어서 남한으로 이주한 것일까? 아니면 북조선의 자식들에게 더 많은 돈을 보내기 위함이었을까? 늙은 몸으로 중국에서 구할 수 있는 일자리가 점차 적어지면서 남한행을 감행했다면 순영 할머니는 그녀 나름의 행위주체성을 충분히 수행한 것이리라. 북조선, 중국 접경지역, 남한이라는 선택지를 두고 할머니는 고민했을 것이며, 결국 여러 삶의 조건과 환경을 고려해서 남한을 선택했을 것이다. 하지만 할머니의 결정에는 그만큼의 희생이 따르기 마련이다. 할머니는 남한에서 법적 신분과 일정 부분의 사회보장 혜택을 얻을 수 있었겠지만, 중국에서와 같은 적극적인 사회활동과 북조선 여성들과의 교류는 제한될 수밖에 없다. 안타깝게도 할머니의 선택이 더 나은 삶을 보장해주었는지는 확신하기는 어렵다. 경제적으로는 분명 조금은 편안해졌겠지만 임대아파트에서 대부분의 시간을 보내는 할머니의 모습이 그리 행복해 보이지는 않았기 때문이다.

그렇다면 할머니가 떠나온 이후 여전히 접경지역에 남아 삶을 살아가고 있는 북조선 여성들의 공동체는 어떻게 되었을까? 혹여나 구성원들이 구심점을 잃고 뿔뿔이 흩어져 예전보다 훨씬 더 열악한 생활에 내몰린 것은 아닐까? 질문을 거듭할수록 내가 접경지역에서 목격한 작은 희망이 그리 오래 지속되지 못했다는 결론에 다다르게 되었다. 가장 열악한 위치에서 움텄던 자매애도 구조적 한계를 전복시킬 정도의 힘이 되지는 못한 것으로 보인다. 그럼에도 가능성을 목격했다는 것만으로도, 북조선 여성들의 적극적인 삶의 의지를 확인하였다는 것만으로도 쉽게 실망하거나 좌절하고 싶지는 않다. 무릇 자매애라는 것도 아주 특별한 것만을 지칭하는 것은 아닐 것이다. 서로의 곤란한 처지를 알고 조금이라도 도움이 되려 하는 것 그 자체가 바로 자매애일 것이다. 생존주의에 내몰린 남한사회가 그토록 목마르게 찾아 헤매는 연대의 관계가 힘겹게 삶을 살아온 그녀들에게는 일상적 실천이라니. 그것만으로도 놀라운 일이다.

'어머니'라는 이름

연길에서 만난 북조선 여성들 대부분은 '어머니'였다. 결혼하고 직장이 없는 여성이 상대적으로 여행증을 받기 쉽다는 것도 하나의 원인이다. 경제난 이후에 가족의 먹고사는 문제가 어머니의 책임으로 된 것도 한몫을 했다. 아이들을 제대로 먹이고 입히기 위해서 여성들은 중국으로의 이주를 감행한다. '어머니 노릇'이라는 것은 끝이 없는지라 아이들이 성인이 되고 난 이후에도 북조선 여성들의 어깨를 짓누른다.

북조선 여성 옥경은 40대 중반 정도로 보였다. 나이를 물어보니 50세가 훌쩍 넘었다고 했다. 상당한 미모의 옥경은 북에서 선전대 활동을 했던 무용수였다. 중국에 온 지는 7년이 다 되어간다. 온갖 고생을 다 했지만 운이 좋게 한족 사업가를 만나서 경제적으로 윤택한 삶을 살고 있었다. 한족 사업가는 부동산 관련 사업뿐만 아니라 커다란 식당을 운영하고 있었는데, 처음에 옥경은 청소며 온갖 궂은일을 맡아 하는 역할로 고용되었다. 손이 빠르고 감각이 세련된 옥경을 눈여겨본 한족 사업가는 그녀에게 식당을 관리하는 매니저 역할을 줬다. 사업가는 자신이 건설하여 분양하는 아파트 중 하나를 그녀에게 내어주기까지 했다.

옥경을 소개해준 조선족은 나에게 그녀가 한족 사업가와 특별한 관계라고 넌지시 알려준 바 있었다. 한족 사업가가 그녀에게 제공해준 여러 혜택이 일 잘하는 고용인에 대한 호의를 넘어서는 것이기 때문에 모두들 그렇게 수군거리고 있다는 것이다. 옥경도 그런 소문을 아는 눈치였다. 그것을 불편하게 생각하기보다는 오히려 그 관계를 자신이 살아가는 데 활용하는 것 같은 태도를 보이기도 했다. 중국에서 재력이 상당한 사업가는 곧 공안을 비롯한 정부에도 상당한 영향력이 있음을 의미했고, 옥경이 북조선 출신이면서도 신변 불안을 느끼지 않고 살아갈 수 있는 배경이기도 했다.

방문한 옥경의 집은 지금까지 가본 다른 북조선 여성의 거처와는 상당히 달랐다. 하긴 연변 지역의 대부분의 사람들이 이 정도의 살림살이는 갖추고 살겠지만, 북조선 여성들 대부분은 보모일을 하면서 주인집의 방 한칸을 얻어 사는 경우가 많았다. 옥경의 집에는 주방용품이며, 커다란 텔레비전과 컴퓨터가 잘 정돈되어 있었다. 연길에서 유행이라는 쿠쿠 밥솥과 화장대 위의 한국 화장품, 커다란 소파와 안락해 보이는 침대까지 '중산층'의 소비 생활을 보여주는 것이 많았다.

"어제도 밤늦게까지 일하고 와서 집이 영 지저분해요. 사람들이 식당에 얼마나 많이 몰려들었는지 그거 내가 다 정리하고 오느라."

옥경은 식당에서 제대로 일하는 일손이 부족하다는 얘기를 한동안 이어갔다. 그러면서 자신이 얼마나 손 빠르게 일을 하고 있는지 언급하기도 했고, 한족 사업가가 자신을 얼마나 신뢰하는지도 드러낸다. 한족 사업가를 '사장'이라고 부르기도 했고, 때로는 '케이'라는 이름으로 말하기도 했다. 사장과 옥경은 서로 이름을 부를 정도로 친밀한 사이임은 분명해 보였다.

옥경은 열명이 넘는 한족과 조선족을 부리면서 일하고 있었고, 운영의 전권을 가진 것으로 보였다. 매출만 매일 사장에게 보고하면 되는 구조였다.

"케이는 자꾸 직접 하지 말고 애들 시키라고 하는데, 그게 돼야 말이지. 다들 멀뚱멀뚱 보고만 있고, 내 손이 닿아야 일이 되니. 어제는 케이도 그러더라구. 네가 해라, 네가 해야지 어쩌냐, 이러더라구. 그러니 어떻게 해. 그냥 내가 해야지. 말로 시키는 게 더 힘들어. 그냥 내가 하고 마는 거지. 그러면 사람들이 다 넋을 놓고본다고. 내가 기름에 음식 튀기면서 야채 씻고 그런 거를 보면 다들 그래, 어쩌면 그렇게 일을 재빠르게 하냐고."

옥경은 자신이 하는 일에 상당한 자부심이 있었다. 청소부터 시작한 그녀가 이제는 규모 있는 식당을 운영하는 위치에 올라섰으니 그럴 만도 했다. 식당에 한국 사람은 오냐고 물어보니, 주로 중국 사람들이 오는 식당이라고 설명한다. 옥경은 중국말로 대화가 가능했기에 매니저 역할을 톡톡히 할 수 있었다. 불법 체류자

신분이었던 북조선 여성이 꽤나 안정된 삶을 사는 모습을 보는 것만큼 기쁜 일도 없다. 그 많은 시간을 얼마나 노력했을지 짐작하면서 잠시 숙연해지기까지 한다.

"정말 이제는 많이 안정되신 것 같네요. 북쪽의 가족들이랑 연락은 하세요?"

밝게 웃던 옥경은 한숨을 푹 쉰다. 지금까지 죽도록 일해서 돈을 모아 아들에게 송금을 했는데, 아들은 그걸 당연하게 생각한다는 것이다. 아들이 원하길래 오토바이까지 사줬더니, 다시 얼마 전에는 여자 친구와 결혼한다면서 은근슬쩍 돈을 보내달라더라고 했다. 아들이 결혼하는 것은 분명 기쁜 일이었지만 별로 하는 일도 없이 매번 돈을 보내달라고 하니 점점 더 힘이 빠진다는 것이다.

옥경이 중국에 온 이유는 아들의 뒷바라지 때문이었는데, 아들은 어머니가 송금해주는 돈으로 흥청망청 사는 것 같았다. 남편도 다른 여자를 만나 살림을 차린 지 꽤 되었다. 옥경은 2년 전쯤에 가족이 그리워 다시 북조선으로 돌아갔지만 남편이나 아들은 오히려 냉담하게 그녀를 대했다. 그들에게 옥경은 송금을 해주는 사람 이상도 이하도 아닌 존재였다.

"내가 들어가니까 다들 반가워하기는커녕 깜짝 놀라더라구. 아니, 어찌 여기 왔냐면서. 자꾸 언제 돌아가냐고 물어보고 그러더라구. 남편이야 딴 여자랑 살림 차려서 그렇다고 쳐도 아들도 나를 돈으로만 보는 거지."

힘겹게 국경을 건너 다시 돌아갔지만 아무도 반기지 않았을 때 그녀의 마음이 어땠을지 가늠하기조차 힘들었다. 멀리서 가족만 생각하다가 막상 돌아갔을 때 가족 사이에 자신의 자리가 없다는 것을 확인하는 것만큼 고통스러운 일도 없으니.

"내 너무 속상해서 하루 꼬박 울다가 다음 날 아침에 밥상 다 차려놓고 그 길로 다시 강을 건넜지."

그 와중에 밥을 지어놓고 왔다는 그녀의 말에 복잡한 마음이 든다. 그녀는 그렇게 해서라도 자신이 '어머니'임을 아들에게 알리고 싶었던 것일까? 책임감. 의무감. 사랑. 그녀의 복잡한 마음을 하나로 정의하기는 어렵겠지만 아들이 먹을 마지막 밥상을 차리는 그녀의 뒷모습을 떠올리면 애잔한 마음이 든다. 누군가에게는 '어머니'라는 것이 자신을 규정짓는 전부가 되어버리기도 한다. 어머니이기에 강을 건넜고, 이를 악물고 돈을 모았고, 무시받으면서도 버텼다. 그런 그녀가 가족들에게 거절당했을 때 그녀는 그만 텅 빈 존재가 되어버린다.

이제 옥경은 남편에게는 송금하지 않는다. 이미 결혼할 정도로 성년이 된 아들에게만 정기적으로 물품과 돈을 보낸다. 예전만큼 맛있는 음식이나 옷까지 세심하게 챙기지는 않는다. 아들이 필요하다는 것만 최소한으로 챙겨주기로 한 것이다. 그래도 어머니로서 최소한의 의무는 하려 한다.

"이제 아들도 다 컸는데, 그만 편하게 사셔요. 좋은 분 있으면 여기서 가정을 꾸리셔도 좋고요."

듣다 못한 내가 괜한 참견을 한다. 입 밖으로 꺼내지는 못했지만 옥경에게 최선을 다하고 있는 한족 사장과 좀더 안정적인 관계로 지냈으면 하는 마음까지 들었다.

"이제는 예전처럼 그렇게 다 몽땅 보내고 그러지는 않는다고. 그냥 내 살 것 다 사고, 그러고 난 다음에 조금씩 모아서 보내지, 뭐."

내가 괜한 얘기를 한 것 같다. 옥경이 조심스레 입을 다물었기 때문이다. 안타까운 마음에 무심결에 나온 나의 말을 자신의 아들을 욕하는 것으로 느꼈던 모양이다. 오토바이를 타고 있는 아들 사진을 인터뷰 내내 신이 나서 보여주던 옥경이 이를 조용히 사진첩에 넣는다. 어머니라는 이름을 훌훌 털어버리기란 이리 어렵다.

끝나지 않는 어머니 노릇

내가 정희 할머니를 마지막으로 만난 것은 2017년이었다. 연길의 매서운 바람이 더욱 차갑게 느껴지던 겨울 어느날 시내 중심에서 할머니를 다시 만났다. 그 현지조사에서 만난 또다른 북조선 할머니를 통해 정희 할머니의 연락처를 받았다. 메신저로 연락을 해 약속장소를 잡을 때까지만 해도 이번에 만나는 북조선 여성이 오래전에 만났던 정희 할머니인지 몰랐다. 사실 현지조사 과정에서 만난 북조선 여성 중에는 연락이 끊기는 경우가 많이 있었는데, 그 이유는 이들이 북조선으로 다시 돌아갔기 때문이기도 하고, 미리 돈을 내고 핸드폰 번호를 쓰는 시스템 때문에 전화번호가 자주 변경된 탓도 있다. 하지만 무엇보다 연구자가 연락을 지속하지 못한 것이 가장 큰 원인이었다.

2012년 여름에 처음 만났으니 다시 5년 만에 할머니를 만나게 된 것이다. 마르고 작은 체구에 모자를 쓰고 걸어오는 모습을 보니 단번에 정희 할머니라는 것을 알 수 있었다. 그 순간 마음속으로는 상당한 부끄러움을 느꼈다. 명색이 연구자인 나는 매번 연구 참여자와의 관계를 이어가겠다고 다짐하지만, 각 연구 프로젝트가 일정 부분 완료되면 자연스레 관계가 소원해지곤 했다. 정희 할머니와도 5년 전에 여러번 만나고 난 이후 다음 해에 연길 가면 반드시 다시 만나겠다고 했는데, 무슨 연유에서인지 할머니에게 다시 연락할 생각을 하지 못했고 그다음 해에 전화했을 때는 이미 전화번호가 바뀐 후였다.

"할머니! 아니 저예요. 기억하시겠어요? 예전에 뵌 적이 있는데요. 그때 조선으로 돌아가실 거라고 하셨는데, 아직 연길에 계시네요?"

"내는, 가고 싶어도 못 가서…… 자식들 생각해서 1년이라도 더 있다보니 이렇게……"

예전에도 그랬던 것처럼 정희 할머니는 인터뷰 내내 자식 걱정을 쏟아놓았다. 할머니가 북조선으로 돌아가지 못하고 중국에 남아 있는 이유는 바로 자식들에게 경제적인 도움을 주기 위해서였다. 과거 인터뷰에서도 북조선의 자녀들에게 송금하는 이야기를 길게 했었는데, 지금도 여전히 어떻게든 돈을 더 모아서 송금할 것인지에 대해서 골몰하고 있었다. 믿을 만한 브로커를 찾기 힘든 어려움부터 얼마 전 브로커가 갑작스레 연락두절이 된 이야기까지 할머니의 머릿속은 온통 북조선으로 송금하는 문제로 가득했다.

중국살이가 힘들지 않느냐는 나의 질문에 할머니는 여기가 오히려 더 익숙하다고 했다. 정희 할머니는 광복되기 몇 해 전 만주에서 태어났지만 곧 부모님이 사망하여 상당히 불우한 유년 시절을 보냈다. 어린 나이에 친척집을 전전하면서 식모살이도 했다. 이후에는 그것도 여의치 않아 고아원에서 상당 기간을 보냈다. 그나마 다행스러운 것은 오빠와 언니가 있어서 형제자매끼리 서로 의지하면서 지낼 수 있었던 것이다. 사회주의 국가인 중국에서는 고아원 출신이라는 것 때문에 차별을 받는 일이 상대적으로 적었다. 공부만 잘한다면 대학을 가는 것도 가능했기에 할머니는 연변대학교 문학부에 진학할 수 있었다. 할머니는 대학에서 공부도 잘하고 외모도 출중한 두 살 연상의 남편을 만나 결혼했고, 졸업 이후에는 무단강牡丹江 근처에서 시 정부 공무원으로 일하면서 살았다. 그곳에서 아들과 큰딸도 얻었다.

하지만 행복한 시간은 그리 오래가지 않았다. 경제적으로 풍요롭지는 않아도 상당히 안정된 생활을 하던 차에 남편이 갑작스레 북조선으로 이주하겠다는 결심을 하게 된 것이다. 북조선에서 중국에 거주하는 조선족의 귀향을 독려하자 연변대학교의 동문들 중 상당수가 북조선행을 선택하고 있었다. 그 당시만 해도 중국에서 소수민족으로 살아가는 것보다는 내 나라 내 땅에서 사는 것이 훨씬 더 나을 것이라는 확신이 특히 교육받은 조선족 사이에서 광범위하게 퍼져 있었다. 남편은 북조선으로 가겠다는 결심이 확고했다. 때마침 할머니도 주변을 맴돌며 치근덕거리던 대학 선배 때문에 마음고생이 심했기에 중국을 떠나고 싶었다. 그 당시의 분위기는 남녀 사이의 이런 문제가 불거지면 일방적으로 여자가 비난받는 것이 일반적이었기 때문에 할머니는 곤란한 상황을 겪기보다는 북조선으로 들어가 새로운 인생을 시작하는 것이 낫겠다는 생각을 했다고 말했다.

정확하게 북조선으로 돌아간 연도는 기억하지 못했다. 대략적으로 1963년 즈음이었다고 추정할 뿐이었다. 남편은 안정적인 직장에 배치되었고, 1965년에는 둘째 딸도 얻었다. 남편은 남한으로 치면 경찰에 속하는 법기관의 보안원으로 배치되었고 당원증도 손에 쥐었다. 북조선 경제가 아무리 어려워도 법기관원들의 삶은 생활을 걱정할 정도는 아니었다. 배급도 끊어지지 않았을 뿐더러, 적지만 노임도 나왔기 때문이다. 중국처럼 먹을 것이 풍부하지는 않았지만 그래도 온 가족이 근근이 먹고살 만한 정도의 삶을 유지했다. 할머니도 기업소°에서 회계를 보면서 직장생활을 시작했고, 회계라는 직종의 특성상 경제적 문제는 크게 걱정하지 않았다.

아들과 딸들 모두 대학까지 교육을 받았으며, 아들은 대학 졸업 후 건축설계 관련된 일을 하다가 책임설계원으로 승진하여 일하였다. 딸들도 직장생활을 하다가 결혼하였고, 각자 가정을 꾸려 살아가게 되었다. 문제는 1990년대 중반부터 시작된 고난의 행군

• 공장이나 기업을 지칭하는 북조선식 표현이다.

이었다. 아들이나 딸 모두 직장에서 나오는 배급이 일정치 않아지자 살아남기 위해서 장마당에 나가는 경제생활을 시작해야만 했다. 엎친 데 덮친 격으로 남편도 2000년에 사망하면서 할머니와 가족의 경제 상황은 점점 더 안 좋아지게 되었다. 정희 할머니는 며느리와 장마당에 나가서 물건을 사고파는 일에 뛰어들었지만 별다른 소득이 없었다. 그나마 할머니는 수완이 있었지만 며느리는 장사 머리도 없었고 몸도 약했다. 할머니 혼자 아무리 시장에서 일을 해도 가족 모두를 먹여 살리기에는 턱없이 부족했다.

보다 못한 할머니는 중국으로 가야겠다고 결심했다. 중국이 익숙했기 때문에 마음먹을 수 있었다. 북조선의 경제 상황이 안 좋아지면서 주변에서 중국을 드나드는 사람들이 많아지기도 했다. 물론 효자인 아들은 노모가 중국으로 가는 것에 대해서 탐탁지 않게 생각했지만 아들에게 뾰족한 수가 있는 것도 아니었다. 중국에 오빠와 언니가 여전히 살아 있었기 때문에 친척방문허가증을 발급받는 것이 용의했다는 점도 할머니가 결심하는 데는 도움이 되었다. 2006년에 처음 중국에 나왔을 때는 6개월 정도 머물면서 중국 인민폐로 1만 위안 정도의 돈을 할머니의 오빠한테 빌리기도 했다. 하지만 2010년에 다시 중국에 나왔을 때는 더이상 오빠를 찾아가기도 어려웠고, 조카들의 눈치도 보였다. 게다가 경제적 상황이 좋지 않은 언니 집에 찾아가는 것도 엄두가 나지 않았다.

결국 정희 할머니는 연길에 남아서 가정부로 일할 곳을 찾게 되었고, 큰 병원을 운영하는 조선족 노인의 집에서 일하는 입주

가정부 자리를 구하게 되었다. 중국어를 워낙 잘했던 할머니는 일자리를 구하는 것도 그리 어렵지는 않았고, 고용주인 조선족 노인은 할머니를 상당히 마음에 들어 했다. 할머니는 그때만 해도 상당히 좋은 조건의 직장을 구했다는 생각에 희망이 부풀었고, 빨리 돈을 벌어서 북조선으로 돌아가리라는 생각만 했다. 그런데 조선족 노인이 할머니에게 돈을 쥐여주면서 옷이며 속옷이며 싹 다 새것으로 사 입고 들어오라고 당부를 했는데, 그때만 해도 노인의 속셈이 무엇인지 알지 못했다고 한다. 깔끔한 주인 성격 때문이라고 생각한 할머니는 요구에 따라 새 옷을 한가득 사서 집으로 들어갔다. 그랬더니 놀랍게도 그 집에는 이미 40대 후반의 젊은 북조선 여자가 노인의 정부 노릇을 하면서 기거하고 있었다. 탐욕스러운 조선족 노인은 자신의 욕정을 채우기 위해서 할머니까지 집 안으로 들인 것이었다.

"내 너무 놀라기도 하고. 그 노인이 막 붙잡는데, 난 사가지고 들어간 옷 싹 다 가위로 잘라버리고 그 길로 바로 나왔어요. 내 그때 얼마나 놀랐는지 말도 못합니다."

"그 사람은 할머니랑 그 다른 여자분이랑 다 같이 살려고 했던 거예요? 어떻게 그런 일이 있을 수가 있어요?"

너무 놀라 나도 모르게 소리를 치며 말을 이어갔다.

"그때 그 젊은 여자가 나한테 참으라고 하는데. 난 그렇게는 못 살겠더라구. 그래 내가 그 젊은 여자한테 너는 뭐가 그렇게 힘들어서 이렇게 사니 이렇게 혼내고 나왔다고요."

"아, 그 여자분의 삶도 참 기구하네요! 북조선 여성이면 분명 자식도 북에 있었을 텐데……"

　돈과 권력이 있는 사람들이 첩을 들이는 문화가 근대 초기에 있었던 것은 알았지만, 21세기에도 여전히 그런 일이 지속된다는 것은 믿기 어려운 일이다. 그 집에서 기거하고 있었다던 다른 여성의 삶도 얼마나 사연이 많을까 싶다. 원래 폭력은 가장 약한 이들에게 더 가혹한 법이겠지만, 자식을 부양하러 중국으로 넘어온 북조선 여성이 마주한 상황은 상상하기 어려울 정도였다. 경제적인 어려움으로 인해 국경을 넘은 수많은 북조선의 여성들이 일상적으로 이러한 성폭력에 노출되어 있었기 때문이다. 사실 지금까지 현지조사에서 만난 상당수의 북조선 여성은 믿고 찾아간 친척이나 고용주 등의 성폭력에 노출된 상황을 증언하기도 했다. 북조선 여성들이 중국에서 신분이 불안정하다는 것을 알고 그것을 약점으로 잡아 의도적으로 접근해서 성폭력을 휘두르는 이들도 있었다. 게다가 그 당시 정희 할머니의 나이가 이미 60대 후반이었다는 것을 감안했을 때 나이 고하를 막론하고 북조선 여성들을 표적으로 삼은 (성)폭력이 자행되고 있음을 알 수 있다.

　정희 할머니는 신고조차 하지 못했다. 만약 조선족 노인이 화가 나서 신고라도 하는 날이면 할머니의 안전이 위험에 처하기 때문이었다. 다행스럽게도 할머니의 다음 일자리는 몸을 움직이기 어려운 남성 노인을 간병하는 일이었다. 똥오줌을 받아내는 일이 쉽지는 않았지만 그나마 노인의 자녀들이 말이 통하는 이들이었다. 하지만 노인이 병세가 깊어서 곧 사망하게 되자 할머니는 또다른 일자리를 찾아야만 했다. 보모 일이라는 것은 돌보던

환자가 사망하면 아무리 오랫동안 함께 산 보모라고 하더라도 하루아침에 집에서 쫓겨나는 것이 일반적이었다.

할머니가 다시 직업소개소를 통해서 찾은 일자리가 지금 함께 살고 있는 조선족 노인의 간병을 하는 것이다. 2012년 내가 처음 할머니를 만났을 때가 할머니가 지금 함께 사는 조선족 노인의 집에 막 정착한 때였다. 그 당시만 해도 조선족 노인을 돌보는 일이 어디까지를 의미하는 것인지 명확하지 않았다. 할머니는 분명 월급을 받고 있고 간병인으로 그 집에 들어갔지만, 노인은 할머니를 마치 배우자로 생각한 듯했다. 할머니와 노인은 하루 종일 함께 생활하다보니 자연스레 사실혼과 같은 관계로 변화하게 된 것이다. 5년이 지난 후 다시 만난 할머니는 "아바이"에 대해서 상당히 깊은 정을 갖게 된 것으로 보였다. "아바이"의 자녀들도 할머니를 "어머니"로 부르면서 챙기고 있으며, 명절에는 따로 용돈을 챙겨주면서 아버지를 잘 부탁한다는 말을 잊지 않았다. 할머니의 깊은 자식 사랑을 눈치챈 "아바이"가 송금에 보태라며 돈을 챙겨주거나 할머니가 생활비를 쪼개 돈을 모으고 있는 것을 눈감아주기도 했다. 자신이 혹시 먼저 죽으면 할머니의 신세가 불쌍해질 수 있다며, 금붙이도 조금씩 남겨주기도 한다. 그만큼 정희 할머니는 "아바이"와 친밀한 관계를 구축하고 있으며 내심 그에게 의지를 하고 있는 것처럼 보였다.

연길에서 삶이 어느정도 안정되자 할머니는 조선에 남겨둔 가족을 부양하기 위해 전력을 다했는데, 한달 노임인 인민폐 2천 위안을 한푼도 쓰지 않고 석달씩 모아 6천 위안을 북조선으로 정기적으로 송금했다. 6천 위안을 보내면 1천 위안 정도는 브로커인 "회령사람"이 가져가고, 아들은 5천 위안을 받게 된다. 얼마 전에는 손자가 결혼을 한다고 해서 땅집이라도 제대로 된 것을 얻어주게 하려고 동무에게 5천 위안을 더 빌려 1만 위안을 아들에게 송금하기도 했다. 하지만 역시 브로커가 돈을 가져가고 중간에 돈을 전달한 라진에 사는 손녀도 1천 위안을 가져가자 정작 아들이 손에 쥔 돈은 5천 위안 정도밖에 되지 않았다. 할머니의 송금을 기다리는 자식들이 워낙 많은 까닭에 각기 1천 위안씩 나눠 가지면 결국 돈이 없어져버리는 것이다. 그럼에도 할머니는 5천 위안이라는 상당한 빚을 지게 되었고, 아마 오늘 인터뷰에 나온 이유도 조금이라도 경제적 도움을 받아 빚을 갚으려는 생각 때문이었을 것이다.

정희 할머니의 자식 사랑은 지극했다. 자식들의 나이가 이제는 50대가 훌쩍 넘었음에도 불구하고 80대의 할머니는 마치 어린 자식들 대하듯 이들에게 뭐든 하나라도 더 해주려 했다.

"조선 거기는 살기 아주 힘듭니다. 먹을 것도 변변치 않고, 내 자식들 거기서 얼마나 힘들게 사는지 모릅니다."

울부짖음에 가까운 토로에 잠시 숙연해지기까지 했다. 경제난 이후에 형편이 조금 나아졌다고는 하지만 그것도 장마당 경제에 잘 적응한 사람들의 이야기였다. 시골에 살거나 장사 머리가 없는 이들은 여전히 팍팍한 하루하루를 살아가고 있다. 할머니의 아들은 장마당을 위시한 변화에 적극적으로 대응하지 못하는 사람으로 느껴졌다. 남들은 자신의 지위를 활용하여 뇌물도 받고 공장의 물건을 빼돌려 장마당에서 팔기도 한다는데, 아들이나 며느리 모두 그런 쪽으로는 고지식하기만 했다. 노임을 받아 생활하는 아들 내외는 할머니가 보내오는 돈 없이는 생활이 어려운 상황이었다. 장사 밑천으로 사용되지 못하고 생활비로 족족 쓰이는 할머니의 송금은 마치 깨진 독에 부어지는 물과도 같았다. 할머니가 아무리 돈을 아껴 송금을 해도 자식들의 살림살이가 나아지지 않았기 때문이다. 그나마 할머니에게 심리적으로 위안이 되는 것은 아들이 할머니를 많이 그리워하고 있다는 사실이었다. 할머니는 어제도 통화에서 아들이 울면서 빨리 돌아오라고 했다며 자신도 아들 곁으로 돌아가서 여생을 마치고 싶다고 말했다.

"내는 어제도 달을 보면서 기도했다고요. 빨리 돌아가게 해달라고. 우리 아들 곁으로 빨리 돌아가게 해달라고."

할머니는 중국에서도 마치 북조선에서 사는 것과 같이 지내고 있었다. 함께 사는 조선족 노인과 친밀함을 유지하고 있지만 그것도 자식들의 부양을 위해서라는 단서가 붙어 있었다. 중국에서 태어나 청년 시절의 상당 기간을 보낸 중국이 낯설지 않았지만 중국에 계속 머물 것이라고 생각하지는 않았다. 하긴 할머니의 중국 경험이라고 해야 조선족 노인의 작은 아파트와 시장 주변에 국한되어 있었다. 연락하는 친구들도 같은 처지의 북조선 여성들이지만 "아바이"가 오래 집을 비우는 것을 싫어해 마음껏 시간을 보내지도 못했다. 이렇듯 제한된 환경에서 더욱 자식 생각만 간절해졌다. 어떻게든 북조선으로 돌아가 자식들 곁에서 살고 싶다는 생각만 했다. 사실 정희 할머니의 건강은 그리 좋지 않았다. 할머니 자신도 노인이면서 조선족 노인을 간병하는 일이 쉽지 않을 것이 분명했다. 특히 무릎이 많이 아프다고 말하면서도, 흔한 파스 한장 살 돈도 쓰지 않는다고 했다. 도대체 어머니 노릇이라는 것이 언제까지 계속되어야 하는지 숙연해질 지경이었다. 할머니는 자신의 몸이 부서져라 일해서 돈을 모으고 그것을 고스란히 자녀들에게 보낸다. 삶의 의미를 오직 자식들의 안녕에서 찾고 있었다.

"내가 아무리 바빠도, 그래도 조금이라도 보내면 김치라도 해 먹겠지, 추운 겨울에 난방이라도 좀 하겠지, 이러지요, 뭐."

"그래도 할머니도 좀 건강도 챙기시고 밥도 챙겨 드시고 그러셔야 하는데요……"

"내는 일 없습데다. 내야 뭐 많이 먹지도 못하고. 그냥 이리 살면 되는데, 북에서 내 애들이 사는 것이 영 바쁠까봐. 난 그게 그렇게 마음이……"

나는 할머니에게 따뜻한 점심을 대접하고 싶었다. 다방에서 주문한 따뜻한 차를 할머닌 거의 드시지 못했고, 본인 스스로도 입맛이 없어 점점 더 식사를 안 한다고 말했기 때문이다. 내가 할 수 있는 것이 별로 없는 상황에서 맛있는 요리가 할머니의 잃어버린 입맛을 조금이나마 되찾아주기를 바랐던 것 같다. 하지만 식당에 도착해서 이것저것 음식을 많이 주문했음에도 할머니는 거의 식사를 하지 못했다. 건강이 정말 좋지 않은 듯했다. 할머니가 그토록 그리워하는 자식들 얼굴 한번 보지 못하고 중국 땅에 계속 남아 있지 않을까 걱정스러웠다. 만약 지금 돌보고 있는 조선족 노인의 병세가 악화되기라도 하면 할머니는 지낼 곳도 없어질 것이 분명했다. 늙고 병든 할머니를 보모로 써줄 곳도 많지 않을 것이고, 그러면 할머니는 오가지도 못한 채 이곳에서 궁핍한 삶을 이어가게 될 것이 뻔했다.

"가진 게 이것밖에 없는데, 이거라도 자녀분에게 돈 보내실 때 보태셔요."

"아이고 선생님, 감사합니다. 에이구, 정말 감사합니다."

남한에서 온 사람이라는 소식을 듣고 혹여나 경제적 도움을 얻을 수 있을까 나온 할머니에게 건넬 수 있는 것이 너무 보잘것없어 부끄러웠다. 딸보다도 훨씬 더 어려 보이는 나에게 허리를 굽혀 인사하는 할머니를 보며 눈물이 왈칵 쏟아지기까지 했다. 도대체 언제까지 북조선 어머니들은 이런 삶을 지속해야 하는 것일까? 헤어지면서 할머니를 꼭 한번 안아보고 싶었지만, 굽을 대로 굽은 할머니의 등허리에 차마 손을 얹기도 죄스러웠다.

코로나 팬데믹이 겹쳐 또다시 한동안 연길을 방문하지 못했다. 마지막으로 할머니를 만난 지도 꽤나 시간이 지났다. 그럼에도 이상하게 유독 정희 할머니의 얼굴과 목소리는 또렷하게 떠오르곤 했다. 아마도 정희 할머니의 모습이 내가 만난 많은 북조선 여성들의 삶을 대변해주기 때문인 듯하다.

'정희 할머니, 어떻게 지내시나요? 여전히 달을 보면서 아들을 그리워하고 계신가요?'

"내가 우선 살아야 해요"

국가와 사회가 삶의 안전망을 보장해주지 않을수록 가족은 절대적 성역이 되어버린다. 가족이 국가의 책임과 의무를 모두 다 떠안게 되는 것이다. 부모의 절대적인 희생을 강조하는 것도 그러한 것이지만, 자식에 대한 어머니의 무조건적인 사랑을 칭송하기만은 어려운 이유이다. 어머니는 위대하지만 그 길을 선택하지 않은 여성의 삶도 그만큼 가치 있다.

내가 중국 접경지역에서 만난 북조선 여성의 상당수는 상상 속에서 존재할 법한 '어머니' 그 자체였다. 하지만 그중에서는 어머니 노릇에 힘을 쏟으면서도 조금은 다른 삶을 살아가려는 이들도 몇사람 있었다.

내가 미영을 만난 것은 연변을 드나들기 시작한 지 얼마 되지 않았을 때였다. 쭈뼛거리는 나를 만나자마자 편하게 말하라고 하는 미영을 보면서 참 화통한 성격이라고 감탄했던 기억이 있다. 이번에도 역시 북조선 여성을 찾아다닌다고 하니 조선족 사업가가 한번 연락해보라고 그녀의 연락처를 넘겨주었다. 미영이 이미 북조선에서 나온 지 꽤나 시간이 지나 최근의 북조선 상황에 대해서는 별다른 이야기를 해줄 수 없겠지만, 중국에서 어떻게 사는지에 대해서는 얘기해줄 거라고 했다.

낡고 좁은 다방의 한켠에서 만난 미영은 나한테 더 관심이 있었다. 남한 생활이 어떤지, 월급은 얼마를 받는지, 어떤 집에서 사는지 등에 대해서 궁금해했다. 생각해보니 이미 미영은 남한으로 갈 것을 예감하고 있었던 것 같기도 하다. 중국에서 결혼해서 살고 있지만 호구*가 없어서 여전히 불안하다고 했다. 돈을 많이 내면 호구를 만들 수 있지만 그것도 쉬운 일은 아니라고 했다. 돈이 있더라도 여러가지 상황이 복잡하게 얽히면 호구를 만드는 것이 좌절되기도 한다는 것이다.

미영도 국경을 넘은 이유는 가족 때문이었다. 공장에서 일하는 노동자인 남편의 노임만으로는 생활하기 어려웠던 까닭에 근근이 장사를 하면서 살아갔지만 그마저도 보위부의 단속에 걸려 장사 밑천을 다 날리게 되면서 중국으로 넘어왔다. 혜산 출신인 까닭에 중국으로 월경하는 것에 대한 불안감은 상대적으로 덜했다. 이 지역은 한 마을이 다 탈북했다는 말이 있을 정도로 중국과의 밀무역이 성행하는 곳이기 때문이다. 미영은 열살이 넘은 딸아이가 하나 있었지만 그 아이를 친정 언니에게 맡겼다. 돈을 벌어서 다시 돌아갈 것이기 때문에 어려운 여정에 아이까지 고생시킬 이유는 없었다.

중국에 연고가 없었던 미영은 접경지역에 정착하는 것이 녹록지 않았다. 생각보다 일자리를 구하는 것도 쉽지 않았을뿐더러 막상 일자리를 구해도 오래 버티지를 못했다. 식당에서 일을 하는 것은 상대적으로 임금이 괜찮았지만 몸이 고되었다. 집에서 환자를 돌보는 일은 편한 축이었지만 빠른 시간 안에 돈을 모으기에는 부적합했다. 속절없이 몇개월의 시간이 훌쩍 지났다. 마음

* 모든 중국인은 출생지에 따라 호구지에 등록되어 있으며 주로 농민과 비농민으로 구분되어 있다. 호구는 중국 공민에게 중국 내 합법적 지위를 보장하는 제도이다.

이 조급해지던 때 만난 이가 결혼장사를 한다는 조선족 브로커였다. 일자리를 소개받으러 직업소개소에 들렀다가 그곳에 있던 브로커가 단박에 미영이 북조선에서 온 것을 알아봤다. 그는 탈북 여성과 살림을 살고 있었던 까닭에 북조선 여성의 외모나 습성을 잘 알고 있었다. 브로커는 당장 자신의 부인을 불러 미영의 불안감을 잠재우도록 했다. 앞으로 북조선 여자들끼리 서로 이야기나 나누면서 편안하게 지내라고 했지만 브로커가 미영에게 접근한 이유는 분명했다. 그는 북조선 여성들의 결혼을 알선해주는 일로 경제생활을 하고 있었기 때문이다.

"이러고 있어봤자 여기서 살기 어려워. 사람 소개해줄 테니 결혼해라. 그럼 괜찮다니까."

"북조선에 남편이고 딸이 다 있는데 무슨 말인가? 기가 막힌다. 어, 기가 막혀."

"언제까지 이렇게 버틸 수 있을 것 같아? 조선에 있는 가족들도 다 방도가 있고. 이미 다 잊었을 수도 있다니까."

냉정한 말이지만 그 말이 사실이라는 것을 미영도 잘 알고 있었다. 옆에서 듣고 있던 브로커의 부인이 끼어들어 말을 보탰다.

"조선에 남겨진 가족도 다 그렇게 될 것을 알고 있다니까. 내가 그런 사람들 한두명 보는 게 아닌데. 나그네들은 더더욱 몇달 버티지 못하고 다들 살림 차리고 그래. 게다가 그쪽은 아이까지 언니한테 맡기고 왔다면서. 그럼 얼마나 홀가분해. 여기서 잘 적응해서 돈만 언니한테 보내면 언니가 아이 잘 돌봐주지. 다들 그렇게 산다니까."

하긴 계획대로라면 도착해서 바로 송금을 해야 했었다. 돈을 구하기 어려운 것은 차치하고라도 멀리 떨어져 있어서 그런지 조급한 마음도 잠깐이었다. 처음 몇달은 조바심에 어떻게 해서라도 돈을 구하려 다녔지만, 조금씩 가족보다는 내가 살아남는 것이 더 중요하다는 생각이 들었다. 어차피 북에 돌아가기도 쉽지 않은 상황에서 일단은 중국에 잘 정착해야 했다. 남자가 농사를 지으며 사는 사람이지만 마음도 착하고 돈도 꽤나 모아두었다는 브로커의 말에 미영은 한번 만나보자는 생각에 이르렀다.

'하긴 여기 나온 북조선 여자들이 결혼하는 경우도 많잖아. 돌아가면 좋겠지만 언제까지 이렇게 떠돌이 생활을 하기도 그렇고. 괜히 버티다가 북송이라도 되면 나그네도 곤란할 거고. 언니가 우리 아이는 잘 챙겨주고 있을 테니, 내가 빨리 정착해서 돈을 안정적으로 보내는 것이 사는 길이야!'

차로 두시간은 족히 갔다. 중국 땅이 워낙 넓은 탓이기도 했고, 시골은 여전히 길이 별로 좋지 않은 상태여서 시간이 오래 걸렸다. 멀미가 시작되려는 차에 목적지에 도착했다. 브로커와 그의 아내가 함께한 여정이었다. 그곳에서 만난 남편은 한눈에도 착해 보이는 인상이었다. 늙은 부모를 모시고 살고 있는 남편은 집안 살림이며 농사까지 혼자서 감당하고 있었다. 이런 시골로 시집오겠다는 사람을 찾기란 쉽지 않았을 것이 분명했다. 북조선 여성들이야 갈 곳이 없어 여기까지 밀려오게도 되겠지만 여성의 수가 절대적으로 부족한 상황에서 이런 환경의 남성이 중국인 부인을 얻는 것은 불가능에 가까웠다.

미영은 머릿속에서 여러가지 생각이 뒤죽박죽이었다. 착해 보이는 저 농부랑 살면 당분간은 안전하겠지만 농사를 지어서 송금을 할 정도의 돈을 마련하기는 쉽지 않을 것 같다는 생각이 들기도 했다. 망설이는 미영의 마음을 눈치챈 듯 브로커의 아내는 농사를 지으면서도 자기처럼 북조선 여자들을 소개하는 일을 함께 하면 부업으로 괜찮을 거라고 말했다. 자기는 이제 중국으로 나온 지 시간이 좀 돼서 북조선 여성들을 찾기가 쉽지 않다는 것이었다. 미영이라면 고향 출신 여성들을 통해서 국경을 넘어 들어오는 북조선 여성들과 바로 연결되는 것이 가능했다.

"내가 뭘 해야 하는 건데?"

"들어올 때 함께 온 사람들도 그렇고, 시내의 여자들에게 수소문해서 북조선에서 온 사람들을 계속 소개해주면 되는 거지."

"그럼 얼마를 주나?"

"사람에 따라 다르지만 한건당 계산해줄게."

미영은 새로운 길이 열리는 것 같은 느낌이 들었다. 눈치를 보아하니 브로커는 이번 결혼을 성사시키면 수고비를 받는 것 같았다. 나이가 있으니 3천 위안 정도라는 것 같았는데, 젊은 여성은 두배까지도 받는다고 했다. 적지 않은 돈이었다.

미영은 한족 농부와 함께 살기로 했다. 착해 보이는 인상이 미영이 마음을 먹는 데 결정적인 역할을 했다. 수줍어 제대로 말도 못 거는 그의 모습을 보면서 미영은 이곳에서 자신이 주도적으로 삶을 만들어갈 수 있으리라는 느낌이 들었다.

미영과 남편은 삶의 기틀이 잡혀졌다. 얼마 전에 새로 부엌도 들였고, 헛간도 고쳐서 농사짓는 데 훨씬 더 수월해졌다. 함께 사는 남편의 부모는 미영의 말이라면 절대적으로 신뢰했다. 그도 그럴 것이 미영의 결정이 한번도 틀린 적이 없기 때문이었다. 미영은 남편과의 사이에 아들을 낳았다. 아들의 양육은 남편과 시부모가 전적으로 맡았다. 미영은 오토바이를 타고 이곳저곳을 돌아다니면서 북조선 여성들에게 일자리를 소개하기도 했고, 결혼 자리를 만들어주기도 했다. 누군가는 "사람장사"라고 비난하기도 할 테지만 갈 곳 없는 북조선 여성들이 몸을 숨길 곳을 마련해줬다는 보람도 있었다.

미영이 브로커의 부인을 따라 삶을 개척한 것처럼 미영을 따르는 북조선 여성들도 있었다. 중국인과 결혼 생활을 이어가면서도 좀더 나은 삶에 대한 열망이 상당한 이들이었다. 시간이 될 때마다 미영은 이들과 만나서 술도 마시고 노래방에 가서 노래도 부르면서 여가를 보내기도 했다. 워낙 흥이 많은 미영은 친구들과 한껏 놀고 나면 더 큰 에너지를 얻는 것 같은 기분이 들기도 했다.

그러던 어느날 미영은 '사람장사' 하는 또다른 브로커를 알게된다. 그 사람은 주로 남한으로 사람을 보내는 일을 하는데, 수입이 쏠쏠하다는 얘기를 했다. 미영이 해야 하는 일은 택시 기사를 보내 북조선 여자들을 태워 다음 포인트까지 보내는 것이었다. 직접 가서 하는 일도 아니었다. 주로 전화로 택시 기사를 보내 북조선 여자들을 태우게 하고 다른 브로커와 연락해서 연계하는 것까지가 미영이 해야 하는 일이었다. 겉으로 보기에는 전화 몇통을 하는 일이 전부였지만 브로커를 연결하는 데는 신경쓸 일이 한두가지가 아니었다. 공안에게 들키기라도 하면 미영의 삶이 송두리째 무너질 수도 있는 일이었다.

두려움을 이겨내는 방법은 익숙해지는 것뿐이다. 처음 북조선 여자들을 돈을 받고 시골에 넘길 때도 두려웠다. 하지만 몇번 반복할수록 점차 아무렇지도 않은 일이 되었다. 남한행을 주선하는 일도 그러했다. 처음 몇번은 공안이 금방이라도 문을 열고 들이닥칠 것 같았지만 일을 거듭하면서 자신감이 붙기 시작했다. 어차피 브로커들은 공안의 단속을 피하기 위해서 뇌물을 주기도 하고 자신들의 인맥을 동원하기도 한다. 길만 정확히 알면 위험을 최소화할 수 있는 일이었다.

미영은 전화를 붙잡고 사는 일이 일상이 되었다. 아들은 돌볼 틈이 없었다. 다행스러운 것은 노모가 아이를 볼 수 있을 정도의 체력이 있다는 사실이었다. 아들도 미영이 어색하기는 마찬가지였다. 돈은 모자람이 없었다. 그렇더라도 풍족한 것은 아니었고 먹고사는 데 부족함은 없었다는 뜻이다. 미영은 현금을 허리춤에 차고 다니면서 마치 사업가처럼 움직였다. 미영이 그 전화를 받기 전까지만 해도 모든 것은 미영의 뜻대로 움직이고 있었다.

"웨이?"

"……"

"웨이? 웨이? 쉬페이…… 누구요?"

미영이 브로커 일을 하는 것이 발각되었다는 연락이었다. 아직은 미영의 존재까지 알려진 것은 아니지만, 미영과 일하는 조선족 브로커가 공안에 체포되었으니 이제 곧 미영까지 잡힐 것이 분명했다. 시간이 얼마 없었다.

　미영은 결정을 해야 했다. 남한으로 가는 것 말고는 방법이 없었다. '사람장사'를 시작하면서 언젠가는 남한으로 먼저 간 뒤 남편도 데려가겠다는 생각을 하기도 했었다. 시간이 조금 당겨진 것뿐이었다. 조금이라도 안전한 선을 찾아가려 했었는데, 결국 자신이 안내하는 한 무리의 북조선 여성들과 함께 동남아시아로 이어지는 루트를 따라야 했다.

　'그럼 아들은 어찌해야 하나. 아들도 남조선으로 가는 것이 나을 것 같기는 한데.'

　아들은 아직 나이가 어렸다. 고단한 일정이 쉽지 않을 것이 분명했다. 아들이 노모와 남편과 있는 것이 더 익숙한 것도 미영이 결정을 쉽게 내리는 데 한몫했다.

　'혼자 가자. 그리고 다시 데리러 오면 되는 거다!'

　남한으로 가는 결정에 남편의 동의는 필요하지 않았다. 그는 미영의 결정이라면 무조건 따르는 것이 익숙했기 때문이다. 또한 남편은 미영이 돌아오리라고 확신하고 있었다. 아들이 여기에 있었고, 자신과 미영 사이도 나쁘지 않았다. 무엇보다 미영이 남한에 도착하자마자 자신을 초청할 것이라고 했다. 그러면 자신이 아들을 데리고 남한으로 가면 될 터이고, 만약 거기서 살기가 힘들면 다시 미영과 고향으로 돌아오면 된다는 계산이었다.

　미영은 뒤도 돌아보지 않고 무리에 섞여 남쪽으로 향했다. 그런 미영을 배웅하는 남편도 별다른 감흥은 없었다. 다만 남편은 미영이 안전하고 건강하게 남한에 도착하기만을 바랐다.

한국에서 다시 만난 미영은 혼자였다. 아들을 데려오기는 했었다. 남편도 왔지만 곧 고향으로 돌아가기를 원했다. 천생 농사꾼인 까닭에 한국 생활을 힘겨워했다. 하지만 미영은 남한에서 조금 더 버텨보고 싶었다. 공안을 피해서 온 터라 중국으로 돌아갈 마음이 쉽사리 들지 않았다. 남편은 아들을 두고 먼저 돌아갔다. 그동안 엄마 정에 굶주린 아들을 나름 배려한 것이었다.

갑작스레 아들과 둘만 남은 미영이 한국에 정착하는 것은 쉬운 일이 아니었다. 적당한 일자리를 구하기도 어려웠을뿐더러 홀로 아들을 키우는 것이 녹록지 않았다. 브로커 같은 일은 고사하고 공장의 일자리도 쉽사리 구해지지가 않았다. 미영은 매일 칭얼거리는 아들만 없으면 살 것 같은 기분이 들었다.

'내가 먼저 살아야 자식도 키울 수 있어. 우선 내가 살아야 해.'

북조선을 떠나 중국에 도착했을 때도 비슷한 말을 되뇌었던 것 같다. 아들을 중국의 남편에게 보냈다. 쓸쓸하기보다는 홀가분하다. 이렇듯 인생은 비슷하게 흘러간다.

미영은 누구보다도 자신에게 솔직했다.

6장
조선적 자이니찌와 재일 탈북여성

2017년 겨울, 오오사까

오오사까의 겨울은 꽤나 추웠다. 현지조사 비용을 아끼기 위해서 묵은 싸구려 숙소는 난방시설이 형편없었다. 난방기구로는 유일하게 작은 온풍기가 벽에 붙어 있었는데 외풍이 심한 방 안을 덥히기에는 턱없이 부족했다. 두꺼운 오리털 파카까지 입고 잠자리에 들어도 밤새 추위에 떨곤 했다. 언제나 그렇듯이 이번 현지조사도 순탄치만은 않겠다는 생각에 더욱 춥게 느껴졌다.

일본 현지조사 직전 아프리카 국가 중 짐바브웨와 남아프리카공화국을 돌아보았으나 별다른 성과가 없어 더욱 몸과 마음이 지쳐 있었다. 짐바브웨에서 열리는 제3세계 관련 학술회의에 참석하는 김에 북조선 예술가들의 자취를 쫓아보겠다는 순진한 계획이었다. 출발하기 전에 『로동신문』을 훑어보면서 북조선과 아프리카 여러 국가 사이의 교류를 대략적으로 파악했지만, 직접 가서 경험한 아프리카는 생각보다 훨씬 더 광활했고, 복잡한 역사를 지녔으며, 사회는 다양했다. 북조선 예술가들이 세웠다는 공원, 탑, 조형물 등을 돌아본 것은 그나마 성과이지만 이들이 아프리카 국가들과 어떠한 관계를 맺고 있는지를 파악하기에는 아프리카에 대한 나의 지식이 너무나 부족했다. 나의 아프리카 인식이 얼마나 피상적이었는지를 뼈저리게 느낀 것이 유일한 성과라면 성과였다. 무척 더울 것이라고 예상한 짐바브웨와 남아프리카공화국은 꽤나 두터운 겉옷을 입어야만 할 정도였고, 신문에서 읽은 것과는 다르게 독재자 정치인들에 대한 현지인들의 인식은 사뭇 긍정적이기까지 했다. 내가 책이나 미디어를 통해서 얻은 지식과 현지의 현실 사이의 괴리를 다시 한번 느끼는 계기가 되었다. 그럼에도 북조선에 대한 더 깊은 정보나 자료를 얻지는 못했다. 아프리카 현지조사는 실패였다.

연구자의 현지조사는 이렇듯 소기의 성과를 얻지 못하는 경우도 많다. 연구자가 아무리 준비를 철저히 한다고 해도 돌발 상황이 발생하는 경우가 많고, 믿었던 조력자들이 자취를 감추는 일도 비일비재하다. 언어라도 익숙하면 좀 나을 테지만 그렇지 않을 경우에는 계획한 것의 반의반도 이뤄내지 못하고 돌아오곤 한다. 그럼에도 직접 몸으로 현지 상황을 살펴보는 것은 그 자체로 의미가 있다. 당장의 연구 데이터를 얻어내지는 못하더라도 연구자로 하여금 연구 질문이 적절한지, 무엇이 연구되어야 하며, 어떠한 시각으로 접근해야 하는지 숙고하게 하기 때문이다. 내가 아프리카를 돌아보고 난 이후에 내 의식에 존재하는 제3세계에 대한 식민화된 시각이 가장 큰 문제임을 발견한 것과 북조선이라는 국가가 다른 지역에서는 다른 의미로 해석됨을 깨달은 것은 현지조사 없이는 가능하지 않았을 것이다.

일본 오오사까를 방문하기로 마음먹은 것도 이런 맥락이었다. 기존의 연구를 통해서 자이니찌의 존재에 대해서는 알고 있었지만 실제로 그들이 어떻게 살고 있는지 직접 보고 싶었다. 무엇보다 소위 조총련계 자이니찌*로 구분되는 사람들의 삶을 조금이라도 가까이서 경험해보고 싶었다. 덧붙여 운이 좋으면 최근에 부쩍 늘어났다는 일본으로 간 탈북민과 인터뷰를 할 수 있을지도 모를 일이다. 이번에도 별다른 대책 없이 떠났지만 언제나 그렇듯이 현지에서 예상치 못한 조력자를 만날 수도 있다.

• 1955년에 결성된 재일동포 단체인 재일본조선인총연합회를 뜻하는 말이다. 해방 이후에 일본에 남겨진 조선인들이 '외국인'으로 분류되면서 국적을 기입해야 하는 상황에 내몰렸다. 이들은 남북이 분단되면서 남과 북 중에서 하나를 선택할 것을 강요받게 되었지만 상당수는 '조선'적으로 남는 것을 선택하였다. 이런 이들이 주축이 되어 만든 단체가 바로 재일본조선인총연합회이고, 이들은 민족 정체성을 유지하는 것에 상대적으로 적극적인 집단으로 이해할 수 있다. 문제는 조총련이 주도하는 교포 북송사업이 진행되자 남한 정부와 사회가 조총련을 친북단체로 규정하면서 남북관계의 부침에 따라 이들의 위치도 상당한 변화를 경험했다는 점이다. 조총련계 자이니찌를 둘러싼 남북 간의 경쟁과 배제는 분단의 역사와 궤를 같이한다는 점에서 이들에 대한 심도 있는 이해가 상당히 중요하다.

*

다행스럽게도 오오사까에는 예전부터 알고 지내던 지인 영호가 있었다. 정확하게 말하면 친하게 지내는 선배의 오랜 지인이었다. 여럿이 모이는 모임에서 몇번 만난 적이 있었던 영호는 서글서글한 눈매에 따뜻한 마음을 지닌 이였다. 그는 조선학교 출신으로 조선대학까지 졸업했고 자이니찌 문제에 관심이 많았다. 갑작스런 나의 연락에 영호는 반갑게 답신을 해줬다.

"쓰루하시鶴橋역으로 오면 연락해요."

"제 숙소를 그 근처로 잡았어요. 제가 도착하면 다시 연락드릴게요."

영호와 연락이 닿을지 확신은 없었지만 자이니찌가 많이 모여 사는 지역에 숙소를 정해놓았다. 혹 그를 만나지 못한다고 하더라도 자이니찌가 일상적으로 사는 모습을 관찰하기에는 이 지역이 가장 적절해 보였기 때문이다.

오오사까의 쓰루하시 지역은 1920년대부터 자이니찌가 모여 살았던 곳이다. 조선음식점이나 식료품 가게, 포목이나 옷을 파는 잡화점까지 다양한 점포가 쓰루하시 지역에 빼곡히 들어차 있다. 1980년대 이후부터는 한국 주재원이나 한국에서 이주한 한국 출신 이주민이 이 지역에 유입되면서 일제강점기 시절부터 일본에 거주하게 된 조선인의 후손과 이들이 섞여 살고 있다. 최근 자이니찌의 수가 급격하게 감소하면서 쓰루하시 지역도 과거와 같은 조선인 타운의 면모가 다소 희석되었지만 여전히 오오사까에 거주하는 자이니찌의 상당수가 쓰루하시를 기반으로 살아가고 있었다.

전철 세개 노선이 연결된 역이지만 쓰루하시역은 상당히 아담한 규모였다. 날 알아보지 못할까 걱정했지만 다행스럽게도 영호는 바로 내 앞에 나타났다.

"안녕하세요? 오느라 고생했지요? 자, 갑시다. 저녁 먹어야지요."

영호는 환하게 웃으며 나를 반겼다. 영호에게는 자이니찌 특유의 억양이 있었는데, 이상하게도 나는 그 억양이 좋았다. 역 근처의 식당으로 자리를 옮긴 후 우리는 예전에 만났던 기억을 서로 이야기하면서 즐거운 대화를 이어나갔다. 내가 다짜고짜 온 이유를 말하기를 어색해하던 찰나 영호는 내게 요즘 무슨 연구를 하는지 물었다.

"지난번에 만났을 때는 저 그냥 공부 마치고 시간강사 할 때였지요? 지금은 자리를 잡았어요. 학교 이름이 좀 이상할 수 있는데…… 북한대학원대학교라고, 서울에 있는 대학원인데요. 대학 학부는 없고 대학원만 있는 곳이에요. 북조선 연구로만 특화된 학교고요."

자이니찌와 만날 때 나로서는 꺼내기 쉽지 않은 말이 바로 '북조선'이었다. 무심결에 한 말이 북조선에 대한 부정적인 표현으로 해석될까 두렵기 때문이다. 그들이 북조선과 어떤 관계를 맺고 있는지, 그리고 북조선을 어떻게 생각하는지 정확히 파악되지 않는 상황에서 북조선에 대한 논의를 하는 것은 조심스러울 수밖에 없다. 사실 자이니찌가 남한 사람들과 북조선에 대해서 얘기하는 것을 불편해하는지는 정확하게 모르겠다. 하지만 북조선과 소통의 끈을 이어가고 있는 자이니찌에게 북조선에 대해서 물어보는 것은 참 어색한 일이었다. 이번에도 역시 비슷한 감정에 휩싸인다. 혹시 내가 북조선을 연구한다고 하면 영호가 불편하게 생각하지 않을까 그런 생각에 머리가 지끈거릴 지경이었다.

"아…… 조선이요? 조선 연구를 한다고요? 그걸 어떻게 해요?"

"그냥 『로동신문』도 보고, 북조선에서 간행한 책도 보고요. 저는 북에서 나온 분들을 인터뷰해서 연구를 해요. 이번에도 오오사까에 탈북민이 있다는 얘기를 들어서 만나보려고 왔어요."

"아…… 탈북민."

영호는 조심스럽게 술잔을 든다. 더이상 이야기가 진행되지 않는다. 북조선과 우호적인 관계를 유지하고 있는 조선적 자이니찌에게는 '탈북민'이라는 존재가 다소 어색하게 느껴질 수 있겠다는 생각에 나도 모르게 머릿속이 복잡해진다. 이럴 때는 대강 얼버무리는 방법밖에는 없다.

"북조선을 연구하다보니 자이니찌들도 궁금해서요. 어떻게 사시는지, 조선학교도 잘 되고 있는지 궁금하고. 그래서 이렇게 무작정 왔어요."

"자이니찌가 궁금하다는 것은 반가운 일이네요. 잘 왔어요."

이후에도 영호는 북조선이나 탈북민에 대해서 입에 올리지 않았다. 다만 자이니찌 친구들은 좀 소개해줄 수 있다고 했다. 인터뷰같이 거창한 형식을 취하지 않더라도 그들을 한번 만나보면 그들이 어떻게 살고 있는지 조금이라도 느낄 수 있을 거라고 했다.

"자, 갑시다."

"네?"

"우리 동포들이 많이 모이는 곳이 있어요."

동포가 하는 선술집이라고 했다. 퇴근길에 들러 맥주나 하이볼을 한잔씩 마실 수 있는 그런 곳이었다. 도착해보니 이미 '동포'들이 여럿 자리를 잡고 있었다. 우리가 들어서자 모두들 반갑게 맞아준다. 영호가 나를 한국에서 온 교수라고 소개하고, 나에게도 그곳에 있는 자이니찌들을 한명씩 인사시켜준다.

"이 사람은 저기 건넛집 가게 사장님이고. 이분은 여기 사장님 남편. 여기 이분이 바로 이곳 조선학교 선생님이고. 이쪽은 오늘 토오꾜오에서 온 친구. 예전에 여기서 함께 학교 나와서 가끔씩 들러요."

"안녕하세요? 만나 뵙게 돼서 반갑습니다."

다들 선한 인상을 하고 있었다. 이미 술을 한두잔씩 한 것으로 보였는데, 우리가 합석하면서 한잔씩 더 마시게 되었다. 술이 조금씩 거나해지자 이런저런 얘기를 편하게 하기 시작한다.

"이 사람이 얼마 전에 남조선으로 관광 가고 싶어서 국적을 바꿨는데, 비자가 안 나왔어요. 하하하. 여기 사람들 중에서 국적이 남조선인 사람도 많다고. 그래도 비자가 안 나와요."

"왜요? 무슨 이유에서요?"

"예전에 총련 활동을 했다고 그러는 거지요. 신기하게 다 알더라구요."

이해할 수 없었다. 도대체 자이니찌의 법적 지위는 어떻게 되는 것일까? 나중에 좀더 자세히 찾아보니 자이니찌의 법적 지위는 복잡했다. 조선인들이 일본으로 이주를 시작한 것은 1910년 '한일병합조약' 이후로 파악되며 그 수가 급격하게 늘어 1945년 해방 직전에는 240만명에 이르렀다.[1] 해방 이후 상당수가 조선으로 돌아갔지만 여전히 일본에 머무르고 있는 자이니찌의 수는 60만명 정도였다. 일본은 남겨진 자이니찌에게 외국인과 동일한 법적 지위를 갖게 하였는데, 외국인들이 자신들의 모국을 국적으로 갖게 되었다면 이들의 국적은 더이상 존재하지 않는 국가인 '조선'으로 구분되었다.

남한과 북조선은 일본에서 자이니찌의 국적 문제를 두고 사실상 체제 경쟁을 하게 되었는데, 1965년 한일조약이 체결되면서 자이니찌의 상당수가 조선적에서 한국으로 국적을 변경하였다. 1970년에는 조선적을 유지하는 이들이 49퍼센트, 한국 국적을 취득한 이들이 51퍼센트에 이르면서 그 비율이 처음으로 역전되기도 했다. 물론 귀화자도 늘어났는데, 1950년대 이래로 귀화자는 지속적으로 상승세를 보이다가 1995년 이후에는 매년 1만명 정도를 유지하고 있다.[2] 현재는 정확하게 얼마나 많은 이가 조선적을 유지하고 있는지 가늠하기는 어렵지만 귀화자의 수가 더이상 늘어나지 않는다는 점에서 조선적을 유지하는 자이니찌 3세, 4세가 분명히 존재한다는 것을 알 수 있다. 한편 1991년에 제정된 '일본국과의 평화 조약에 따라 일본 국적을 이탈한 자들의 출입국 관리에 관한 특례법'(입관특례법 혹은 특례법)에 따라 과거 국적에 상관없이 역사적 배경이 있는 사람에게 특별영주권이 부여되면서 조선적이나 한국 국적 보유자 모두 일본에 거주할 수 있는 권리를 법률로 보장받게 되었다.

하지만 문제는 조선이라는 국가는 현실에 존재하지 않는다는 데 있다. 조선적은 북조선을 의미하는 것이 아니라 이제는 존재하지 않는 국가인 조선, 즉 분단되기 이전의 조선을 뜻하므로 남북 모두를 뜻하는 것이기도 하다. 이런 맥락에서 지금까지 조선적 자이니찌는 임시여권이라는 여행증명서를 발급받아 한국을 방문했다. 문제는 남북 사이의 관계가 경색될 때마다 한국정부의 여행증명서 발급 과정이 점점 까다로워졌으며 발급 거부율도 치솟았다는 데 있다. 특히 북조선의 핵실험이 시작된 2006년을 기점으로 조선적 자이니찌들은 여행증명서 발급을 위해서 이력서, 발급신청 이유서, 북조선 거주자 포함 가족관계 설명서 등을 첨부할 것을 요구받았다.[3] 한국정부는 여행증명서를 신청하려는 조선적 자이니찌에게 좀더 적극적으로 국적 변경 의사를 물어보기도 하였으며, 이로 인해 국적 문제가 조선적 사이에서 첨예한 쟁점으로 대두되기도 했다.

여기서의 쟁점은 두가지이다. 하나는 조선적 자이니찌 중에서도 적극적으로 총련 조직 활동을 하거나 북조선 공민이라는 정체성을 가진 이들은 소수에 불과하다는 사실이다. 다양한 이유로 조선적을 유지하고 있는 이들에게 국적 변경을 종용하는 것은 법적으로도 윤리적으로도 옳지 않은 일이 분명하다. 다른 하나는 조선적 자이니찌의 경우에 분단된 조선을 인정하지 않고 조선민족이라는 민족 정체성이 강한 이들이 많은데 이들을 남북관계의 부침에 따라 남북 모두가 정치적으로 이용하는 것도 문제적이라는 점이다. 특히 남한의 경우에는 남북관계가 진전될 때는 '민족'의 이름으로 조선적 자이니찌에게 유화적 제스처를 취하다가도, 북과의 관계가 틀어지면 조선적 자이니찌를 북과 연관된 존재로 호명하여 배제해왔다.

선술집에 모이는 자이니찌들은 이렇듯 남북 그리고 일본 사이에서 국적 문제를 어떻게 할 것인지 일상적으로 고민하고 있었다. 상당수는 이미 한국으로 국적을 바꿨지만 조선적 자이니찌 커뮤니티와 교류를 이어가는 것으로 보였다. 선술집에서 만난 다섯명의 자이니찌 중에서도 이미 두명은 한국 국적으로 바꿨지만 그렇다고 한국인이라는 정체성을 갖기보다는 일본에 거주하는 자이니찌라는 디아스포라로 자신을 규정하고 있었다.[4] 한 가족 사이에 국적이 다른 경우도 있었는데, 예를 들어 아버지와 큰아들은 조선적을 유지하고 딸은 한국 국적으로 바꾼 사례도 있었다. 세대에 따라 국적에 대한 태도가 변하고 있는 것은 분명했지만 조선적 자이니찌 커뮤니티를 소중하게 생각하는 소수의 사람들은 일상의 불편함을 감수하고라도 여전히 조선적으로 남아 있었다. 이렇듯 조선적 자이니찌 커뮤니티라는 것이 정치적 집단 정체성이나 국적을 뜻하는 것으로 작동하기보다는 일상을 공유하는 공동체 정체성의 성격을 띠고 있는 것으로 보였다. 적어도 이날 밤 선술집에 모인 사람들이 각자의 지친 일상을 공유하며 내일은 오늘보다 나을 것이라고 서로 위로하는 모습에서 정치나

이데올로기는 찾아보기 어려웠다.

사실 그 중심에는 조선학교가 자리하고 있다. 이날 내가 만난 사람들은 모두 조선학교 출신으로 서로 선후배 관계로 얽혀 있었다. 각자 직장생활을 하고 있지만 조선학교에 대한 관심이 상당했다. 각자의 자녀들을 조선학교에 보내고 있었으며, 몇몇은 자신들의 자녀가 졸업한 이후에도 조선학교를 후원하는 일에 열성적으로 참여하고 있다. 그러고 보니 선술집 곳곳에도 조선학교 관련 다큐멘터리의 포스터가 걸려 있고, 그 옆에는 후원 관련 정보를 담은 리플릿도 가지런히 놓여 있었다.

조선학교는 일본정부가 고교 무상화 대상에서 배제함으로써 교육지원금이 대폭 삭감되어 재정난에 허덕이는 상황이다. 일본 학교교육법에 의해 '학교'로 인정받지 못한 학교는 지자체에서 '각종학교'로 분류하여 보조금을 주었는데, 2009년 이래 10년 사이에 조선학교가 받은 보조금은 75퍼센트 급감하였다.[5] 조선학교들은 보편적 권리인 교육권이 심각하게 침해된 것에 대해서 토오꾜오, 오오사까, 아이찌, 히로시마, 후꾸오까 지자체를 상대로 소송했지만 다섯곳 모두에서 최종 패소했다.[6] 유엔에서도 조선학교의 교육권 침해에 대한 우려를 표시했지만 일본정부의 입장에는 변함이 없었다.

일본정부의 조선학교에 대한 배제와 차별은 일본사회의 극우화와 맞물려 더욱 악화되기에 이른다. 조선학교 학생들을 대상으로 한 극우집단의 혐오 발언은 심각한 수준이며, 실제로 몇몇 조선학교는 증오범죄를 견디다 못해 문을 닫기도 했다. 이런 상황에서 재특회(재일 특권을 허용하지 않는 시민의 모임)를 비롯한 극우세력의 혐오범죄에 대항하여 조선학교를 지키려는 학생, 선생님, 그리고 학부모의 노력은 눈물겨울 정도로 처절하다. 자이니찌 3세인 나까무라 일성에 따르면 2009년 12월 4일에 재특회가 쿄오또에 있는 조선제1초급학교의 학생들에게 혐오 공격을 한 이후에 학생, 선생님, 그리고 교포사회는 심각한 트라우마에 시달리게 되었다.[7] 하지만 일본 내 조선적 자이니찌에 대한 혐오와 배제가 심해질수록 공동체 내부의 결속력은 더욱 끈끈해질 수밖에 없다. 사람들이 점차 줄어들수록 남은 사람들은 더욱 서로를 다독이며 이 상황을 이겨내려 애를 쓴다. 조선적 자이니찌의 구심점인 조선학교를 지켜내는 것이 결국 사그라져만 가는 그들의 커뮤니티를 유지할 수 있는 유일한 방법이기 때문이다.

어느덧 늦은 밤이 되었다. 이제 다들 집으로 돌아갈 시간이다. 선술집을 나오면서 영호가 말한다.

"다들 뭐 이렇게 사는 거지요."

"네."

뭔지 모를 생각에 목소리가 작아졌다.

"잘될 겁니다. 뭐 노력하고 있으니까요."

"다들 어쩐지 힘들어 보여서 마음이 이상하네요."

"자이니찌들이 그렇지요. 우리 아버지 세대들은 더 했으니. 우리야 뭐 다른 것보다 그냥 학교만 지키려고요. 내 아이들도 다 조선학교 다니고 있기도 하고. 아이들이 학교를 아주 좋아하거든요."

사실 나는 왜 조선학교를 고집하는지 좀더 물어보고 싶었다. 재정 상황이 악화되면서 학부모들이 내야 하는 학비도 상당히 부담스러운 상황인데도, 왜 그렇게 조선학교를 유지하려고 하는지 여전히 답을 찾기가 어려웠다. 하지만 더는 영호에게 물어봐서는 안 될 것만 같았다. 영호도 딱히 더 이유를 설명할 수 없을 것으로 느껴졌다. 그저 영호와 친구들은 자신들이 그러는 것처럼 자녀들도 평생 함께 의지하면서 지낼 커뮤니티를 조선학교를 통해서 만들어내기를 기대하는 것 같았다. 조선인이라는 이유로 받는 차별이 교육권을 둘러싸고 가시화되었지만 그 이전부터 직장이나 일상에서 비가시적인 방식으로 자행되고 있었다. 그런 전쟁 같은 일상을 살아가는 조선적 자이니찌들에게는 하루를 마감하고 비슷한 처지에 있는 친구들끼리 서로 위로하는 시간이 더욱 중요했을는지도 모른다. 조선학교가 조선적 자이니찌에게는 단순한 학교 이상의 의미를 지니는 이유이다.

오오사까에 정착한 북조선 사람

며칠 동안 쓰루하시 주변을 돌아다녔다. 조선적 자이니찌들이 운영하는 식당이나 카페도 들락거리고, 선술집에 앉아서 조선적 자이니찌들의 저녁 시간을 지켜보기도 했다. 쓰루하시 곳곳에는 올드커머로 통칭되는, 식민지 시절부터 일본에 정착한 조선적 자이니찌들이 운영하는 상점과 뉴커머라고 불리는, 분단 이후에 한국에서 이주한 자이니찌들의 생활공간이 분리되어 있었다. 같은 거리에 있는 상점이라고 하더라도 조선적들이 다니는 곳은 학교와 커뮤니티를 중심으로 하여 세밀한 인적 네트워크로 구성되어 있었다면, 뉴커머의 상점은 한국 문화에 관심이 높은 일본인들이 많이 방문하기도 하고 상대적으로 최근에 일본으로 이주해 온 한국인들의 커뮤니티를 중심으로 작동하고 있었다. 일본에서도 분단은 계속되고 있는 것이다.

중국 현지조사의 경험상 한인들이 모여 있는 곳에는 북조선 출신자들이 모여들 확률이 높았다. 내가 쓰루하시를 주목한 이유도 분명 북조선 출신자들이 이 지역을 기반으로 정착했을 것이라는 생각 때문이었다. 하지만 수소문을 해봐도 그들을 만났다는 사람을 찾기는 어려웠다. 조선적 커뮤니티는 북조선 출신자들과 관계를 맺는 것이 여러 이유에서 껄끄러울 수 있지만 한국에서 온 뉴커머 사이에서도 그들의 자취를 찾기는 어려웠다. 혹여나 민단(재일본대한민국민단) 차원에서 새롭게 정착한 북조선 출신자에 대한 정보가 있을지도 모르겠다는 생각이 들었다.

오오사까의 민단은 나까자끼쪼오(中崎町)역에서 내려 5분 정도만 걸으면 찾을 수 있다. 무작정 찾아간 민단 사무실에서 만난 실무자는 한국어를 전혀 하지 못했다. 당연히 한국어가 통할 것이라고 생각한 나의 불찰이었다. 핸드폰을 열어 번역기의 도움을 받아 나의 신분을 밝히고, 내가 일본에 온 이유에 대해서 더듬더듬 설명을 했다. 북조선사회를 연구하는 연구자이고 북조선 출신자를 만나서 그들의 삶과 일본 정착 과정 전반에 대해서 인터뷰를 하고 싶다고 말했다. 실무자는 고민스러운 표정을 짓다가 개인정보로 인해서 도움을 주기는 어렵다고 대답했다. 예측은 했지만 난 실망스러웠다. 그때 옆에서 듣고 있던 또다른 직원이 최근에 민단에서 주최한 체육대회에 몇몇 재일 탈북민이 참가했는데, 그들이 인터뷰 의향이 있는지 한번 물어봐줄 수는 있다고 얘기했다. 하지만 기대는 하지 말라고 했다. 나는 고개 숙여 감사하다는 말을 하고 나의 연락처를 남기고 돌아섰다.

오오사까 주변에 정착한 북조선 출신자의 수를 정확하게 알 수는 없다. 다만 미디어 보도에 따르면 북조선에서 나와 일본을 선택한 공민이 약 2백여명 정도 되고 그중에서 150명은 토오꾜오에 정착했으며 오오사까에는 약 50명 정도가 살고 있다고 한다.[8] 북조선에서 온 사람들의 수가 정확하게 알려지지 않는 것은 이들이 자신들의 신분을 밝히고 싶어하지 않기 때문이다. 이들이 일본에 체류할 수 있었던 것은 이들 대부분이 북송사업으로 북조선으로 이주한 자이니찌와 일본인의 2세이기 때문이다. 이들은 자신들의 신분을 일본에 남겨진 가족이나 친척 들이 확인해줘야만 일본에 체류할 자격을 얻을 수 있다. 그만큼 일본 체류 자격을 얻는 것은 쉬운 일이 아니다.

게다가 일본에서 탈북민이라고 얘기하는 것도 쉽지는 않다. 북조선과 긴밀하게 소통하고 있는 자이니찌들이 있기에 그들의 존재가 북조선에 알려질 가능성이 상존한다. 북에 남겨둔 가족이 있을 경우에 자신을 노출하기 어려운 이유가 여기에 있다. 게다가 북조선에 대한 일본 내 감정은 더이상 나빠질 수 없을 정도로 악화되어 있기 때문에 굳이 북조선 출신자라고 밝히는 이들은 극

소수에 불과하다.

다시 며칠이 지났다. 이번에는 북조선에서 온 사람들을 만날수 없을 것이라고 체념하던 찰나, 민단에서 연락이 왔다. 오오사까 근교에 살고 있는 사람이 나를 만날 의향이 있다고 했다는 것이다. 반가운 마음에 한걸음에 그녀가 사는 곳으로 달려갔다. 만나기로 한 곳은 기차역 주변에 있는 작은 카페였다. 미리 도착해서 초조하게 그녀를 기다리고 있을 무렵 상당히 키가 큰 여성이 안으로 들어왔다.

"저 혹시……"

한국어로 말을 거니 그녀도 반갑게 대답을 해왔다.

"네, 소개받은 사람입니다."

미소를 띤 얼굴이었지만 약간은 경계하는 듯했다. 이럴 때면내가 먼저 나에 대해서 조금 더 얘기를 하는 것이 어색한 분위기를 누그러뜨릴 수 있을 터였다. 어디서 왔는지, 무슨 일을 하는지, 가족관계는 어떻게 되는지, 굳이 물어오지 않은 이야기를 그녀에게 쏟아냈다. 그제야 그녀는 마음이 조금은 편해졌는지 자신의이야기를 시작했다.

"사실, 제가 여기 나온 이유는 혹시 사람을 찾을 수 있을까 싶어서예요."

"네?"

"남조선에 친척이 살고 있다고 아버지가 그러셨는데, 고모요. 그 사람도 교수라고 했거든요. 선생님이 대학교수라고 해서, 그래서 알까 싶어서 나왔어요."

그녀는 남한의 교수들은 서로 알고 지내리라고 생각했던 것 같다. 수천명은 족히 되는 사람을 알 방법도 없을뿐더러, 나는 학계에 인맥이 그리 넓은 편도 아니었다.

"제가 아는 것은 고모가 지방 도시에서 대학교수로 일하고 있다는 거예요. 이제 나이가 있으니 은퇴했을 것 같기는 한데요. 아버지가 일본 나가면 꼭 찾아보라고 해서요."

얘기를 좀더 들어보니 그녀의 아버지는 자이니찌 1세대였고, 어머니는 일본인이었다. 북송사업이 시작되었을 때 아버지는 북을 선택했다. 일본에서 차별받으면서 지낼 바에는 북에서 가슴 떳떳이 펴고 살겠다는 결심을 했다. 어머니는 아버지의 뜻을 거스르지 못했다. 젊은 그들은 부푼 꿈을 안고 북조선에 도착했지만 그곳의 상황은 그들이 생각한 것과는 많이 달랐다. 청진에 정착해서 살면서 주로 일본에 남겨진 가족들의 송금으로 살아갔다. 일본에서 온 그들은 '째포'라고 불리면서 북조선에서도 차별을 받았다.[9] 경제적으로 근근이 살아갔지만 토대가 좋지 않아 당원이 되거나 좋은 직장을 구하는 것이 쉽지 않았다. 특히 어머니는 몸이 약해 북조선 생활을 더욱 힘겨워했다. 어머니는 평생 일본으로 돌아가는 것만 얘기했다고 했다.[10]

그녀도 결혼을 했고 아이도 낳았다. 그럼에도 어머니는 그녀에게 일본으로 가라는 말을 계속했다. 일본으로 가서 친척들을 찾으라고 했다. 북조선에서도 일본만 생각하며 살았던 어머니는 그렇게 북조선에서 눈을 감았다. 어려서부터 일본을 동경하면서 살았던 그녀도 어떻게든 탈북하려 노력했고, 결국 일본에 정착할 수 있었다. 일본에 남아 있던 어머니 친척들의 도움이 결정적이었다. 일본에서 태어나서 북송사업으로 북조선에서 거주하다 다시 돌아온 1.5세대의 경우 일본 입국 시 무국적 혹은 조선적을 선택했다가, 일본 출생을 증명하게 되면 한국 국적이나 일본 국적을 취득하는 것으로 알려져 있다.[11] 부모가 자이니찌나 일본인이면서 북조선에서 태어난 2세들은 자신의 존재를 증명해줄 수 있는 친척이 반드시 필요한데, 북조선에 방문한 적이 있었던 어머니의 친척들이 그녀가 일본인 어머니의 자녀임을 증명해줬다.

일본인의 피가 섞여 있기는 하지만 그녀는 북조선에서 태어나서 30년의 세월을 보냈다. 함께 탈북한 남편과 아이도 일본이 생소하기는 마찬가지였다. 체류 자격을 얻는 것까지는 친척들의 도움을 받았지만 더이상 그러기도 어려웠다. 유일한 지원은 민단에서 초기 정착지원금으로 10만 엔을 준 것이 다였다. 자이니찌 아버지와 일본인 어머니 사이에서 태어났지만 북조선에서 평생을 보낸 그녀에게 일본은 가까우면서도 낯선 공간이 분명했다.

"일본어는 하시는 거예요? 어떤 일을 하면서 지내시나요?"

"어렸을 때 어머니가 하는 말을 기억하기는 하는데, 잘 못하지요. 남편이랑 아이도 마찬가지고. 그래도 남조선보다는 일본이 잘사니까요. 남조선에 가면 탈북자라고 그렇게 무시한다고 하는데, 여기는 우리에게 아무도 관심 없으니 그게 편하고."

그녀와 남편은 일본인이 운영하는 상점에서 일을 한다고 했다. 일본인 사장은 자신들을 한국에서 온 이민자, 즉 뉴커머로 알고 있다고 했다. 일본어가 특별히 필요한 일이 아니라서 별문제는 없다. 그녀는 굳이 남북과 올드커머와 뉴커머가 복잡하게 얽혀 있는 자이니찌 커뮤니티와 어울리는 것보다는 일본인들과 섞여 살아가고자 했다. 어차피 자신의 피 중 반은 일본인이니까 말이다. 일본에 정착하기로 한 이상 자녀도 일본인으로 키우는 것이 낫다고 판단했다.

그럼에도 그녀가 굳이 남한에서 온 연구자에게 시간을 내준 이유는 무엇일까?

"고모는 나이가 있으니까 돌아가셨을 수도 있을 것 같고. 그래도 혹 살아 계신다면 한번 연락이 닿았으면 좋겠어요. 아버지 얘기도 해드리고 싶고."

생각해보면 얼마나 기구한 인생인가 싶다. 남한에서 태어나 일본으로 강제징용을 간 후 북송선을 타고 북으로 간 아버지, 남편을 따라 이국땅으로 가 평생 모국을 그리워한 어머니, 그리고 부모님의 자취를 쫓아 일본으로 이주한 그녀까지. 식민지 시기의 이동으로 만들어진 자이니찌와 일본인 사이의 초국적 가족이 분단과 체제 경쟁의 파고가 거세지는 가운데 북조선으로 이주를 감행하였다. 냉전으로 인한 일본과 북조선 사이의 긴장은 결국 가족의 이산을 공고히 할 수밖에 없었다. 탈냉전과 세계화의 시대에 북조선의 고립이 강화된 상황에서 그녀는 초국적 가족 네트워크를 활용하여 일본으로의 이동을 감행할 수 있었다. 세대를 넘어선 이주와 이산의 경험이 지금 그녀의 삶에 켜켜이 쌓여 있는 것이다.

"저도 약속은 못 드리지만 대략적인 것을 말씀해주시면 제가 한국으로 돌아가서 한번 고모님을 찾아볼게요."

나로서는 그게 할 수 있는 유일한 약속이었다. 고모가 일했다
는 학교에 연락을 해봤지만 이름을 확인할 수는 없었다. 은퇴한
사람 중에 있는지 알아봐달라고 했지만 학교에서는 다시 연락을
주지 않았다. 무작정 학과 사무실에 전화도 해보았지만 그런 사
람이 일했는지 잘 모르겠다는 답을 들었다. 고모가 가르친 전공
과목과 이름으로 사람을 찾기란 쉽지 않았다. 결국 그녀에게 고
모의 소식을 더는 찾지 못했다는 메시지를 남겼다. 곧 그녀도 메
시지를 보내왔다.

"애써주신 것만으로도 감사합니다. 워낙 옛날 일이라 기대는
안 했습니다."

짧은 문자 메시지에서 그녀의 마음이 툭 떨어지는 소리가 들리
는 것 같았다.

2018년 서울: 평화를 향한 희망

2018년 2월에 평창은 들썩였다. 평창동계올림픽을 계기로 남
북의 화해 무드가 무르익었기 때문이다. 문재인 대통령이 평화올
림픽 개최를 천명하면서 한미연합훈련의 연기가 가능하다는 메
시지를 보냈고 김정은 위원장은 선수단과 응원단의 올림픽 파견
으로 응답했다. 김여정 부부장을 비롯한 북조선의 고위급이 평창
에 등장했다. 미디어는 온통 북조선에서 파견한 사람들을 카메라
에 담고 있었다.

그 시기에 총련계 자이니찌 응원단도 평창올림픽 참석차 남한으로 입국하였다. 남북 간 해빙 무드의 바로미터는 어쩌면 총련계의 남한 입국 여부일지도 모르겠다. 총련계는 1차와 2차에 걸쳐서 응원단을 꾸려 입국했고, 이들은 모두 다 기대에 부풀어 있었다. 영호도 응원단의 일원으로 평창을 방문했다는 소식이 전해졌다. 그를 아는 몇몇이 모여 식사 자리를 마련했다.

다시 만난 영호는 여전히 따뜻한 미소로 인사를 해왔다.

"아, 성경씨…… 여기서 이렇게 또 만났네요. 반갑습니다."

다시 그를, 그것도 서울에서 만나게 되니 울컥했던 것 같기도 하다.

"이런 날도 있네요. 이렇게 서울에서 금방 만날 줄 몰랐는데."

"그러니까요. 살다보니 또 이런 날이 있군요."

그날은 모두가 약간은 감격했던 것 같다. 북조선 선수단과 응원단이 방문한 것보다 한동안 남한을 방문하지 못했던 영호를 내가 서울 시내 한복판에서 만났다는 것 자체가 이상한 흥분을 만들어냈다. 그렇다고 내가 별다른 얘기를 한 것은 아니었다. 우스갯소리를 하며 한바탕 웃었던 기억만 남아 있다. 과거에 만났을 때 문화 차이로 오해한 이야기부터, 서로를 배려한답시고 했던 우스꽝스러운 행동을 나열하며 웃기만 했다. 여러 경험이 쌓이면서 말하지 않아도 각자 상대방을 얼마나 아끼고 있는지 확인할 수 있는 자리였다. 비핵화, 남북관계, 북미수교와 같은 복잡한 이야기가 하찮게 느껴진 시간이었다. 오랫동안 만나고 싶었던 친구를 만나 그저 행복하기만 한 그런 밤이었다.

"더 자주 만나게 되겠지요? 모두가 다 편하게 그렇게 만날 수 있는 날도 오겠지요?"

뭔가 긍정적인 변화가 일어날 것이라고 믿었던 내가 말했다.

"그럼 좋겠지만, 모를 일이지요."

희망을 가졌다가 실망한 일이 많았던 까닭에 영호는 나보다 훨씬 더 조심스러웠다.

"일본에 놀러 오세요! 그럼 언제든 만날 수 있어요."

영호는 아마도 곧 우리가 그렇게 될 줄 알고 있었나보다. 곧이어 나는 오오사까에 한번 더 방문했다. 2018년 봄, 방송국의 취재에 참가하게 되면서 일본을 방문했다. 빡빡한 취재 스케줄 사이에 잠시 짬을 내 영호와 그의 친구들을 다시 만날 수 있었다. 선술집은 여전했다. 마치 언제나 그랬던 것처럼 그들은 그곳에 모여서 하루를 마무리하고 있었다.

이번에는 영호의 여동생과 아버지도 만났다. 자이니찌로 평생을 살아온 영호의 아버지는 남북의 정상이 만나는 이 상황이 감격스럽기만 한 눈치였다. "내 평생에 이런 일을 경험하다니!"라는 말을 반복하는 영호의 아버지는 평생의 한이 풀리는 것 같은 기분이었으리라. 고생한 아버지가 행복해하는 모습만으로 더 바랄 게 없다고 말하는 영호의 여동생을 만난 것도 커다란 울림이 되었다. 다시 만난 오오사까의 자이니찌들은 여전히 서로를 위로하며 일상을 보내고 있었다. 남북 사이의 평화가 만들어진다면 자이니찌로서의 삶도 조금은 나아질 것이 분명했다. 그들은 조선학교를 지키는 일도 그럴 것이고 국적을 둘러싼 오래된 갈등도 잦아들 것이라 기대했다. 그들은 한반도에 사는 사람들만큼이나 변화가 만들어지길 고대하고 있었다.

하지만 그들의 바람은 또다시 좌절되었다. 남북관계가 다시금 살얼음판을 걷자 그들이 남한을 자유롭게 방문하는 것도 쉽지 않게 되었다. 코로나 팬데믹으로 국경이 더욱 높다랗게 세워지면서 서로 만날 기회는 더욱 줄어들었다. 남북 사이에 긴장이 감도는 지금, 가끔씩 그들이 생각난다. 서로 거친 말을 쏟아내는 남북 사이에서 좌절하고 있는 것은 아닐지, 자이니찌에 대한 혐오가 더욱 심각해지는 일본사회에서 또 얼마나 힘겨울지, 여전히 선술집에 모여 하루를 마무리하고 있을지. 궁금하기만 하다.

몇번 만나지 않았지만 이상하리만치 보고 싶기까지 하다. 모두들 안녕하길.

3부 | 분단, 북조선 여자들, 그리고 나

7장

숨겨진 분단

"굳이 찾아보지 마라. 지금 와서 별로 알아보고 싶지 않아."

어머니는 담담하게 말했다. 결혼한 지 곧 10년이나 되어가는 나는 이제야 시어머니가 어떻게 살아왔는지 알게 된 것 같아 먹먹하다. 어렴풋이 어머니가 만주에서 태어나 추위를 타지 않는다는 얘기를 남편을 통해서 들었던 것이 전부였다. 어머니는 부지런한 성격인 탓에 자리에 앉아 얘기를 나누는 것도 시간 낭비로 생각했다. 굳이 며느리를 붙잡고 자신이 태어나서 자란 곳에 대한 얘기를 할 필요도 없었으리라.

"제가 방학 때면 중국에 나가니 어머니가 태어나 자랐다는 곳을 가봐야겠어요. 제가 사진을 좀 찍어올 수도 있잖아요."

심드렁했던 다른 가족들과 달리 자신이 태어난 지역 근처를 안다는 며느리가 어머니는 반가웠던 것 같다. 자신의 어렴풋한 기억을 하나씩 꺼내놓는다.

"통화通化시 후이난輝南현이야. 거기서 태어나서 자랐어. 우리 아버지가 일본에서 공부한 엘리트였는데 직장 때문에 중국으로 간 거야. 어머니도 당연히 아버지랑 같이 갔고. 그래서 내가 태어난 거지."

"통화시면 북조선이랑 진짜 가까워요! 광개토대왕릉비 보러 가면서 자주 들렀던 곳인데!"

내가 북조선에 대해서 얘기하는 것을 어머니는 별로 달가워하지 않음을 난 평소에 느껴왔다. 그래서 가능하면 북에 대한 얘기를 하지 않으려 했는데 습관처럼 또다시 내 입에서 북조선이라는 말이 흘러나왔다. 어머니는 불편한 기색이 역력했다.

"그러냐. 그렇게 가깝던가. 하여간 그런 건 뭐 기억 안 나고. 우리 아버지가 말 한마디만 하면 중국 사람들이 굽실거리고 그랬던 것만 기억나. 아버지가 일을 시키는 사람이었던 것 같고, 그래서 사람들이 다들 아버지 말을 따르고 그랬어. 나야 뭐 어렸으니까. 중국 사람들이 '만투'라고 하는, 요즘 우리가 먹는 만두가 아니고 그냥 밀가루로 하얗게 쪄낸 게 있는데 그것도 주고 그랬지. 그럼 뭐가 그리 좋았는지, 그거 하나 들고 여기저기 돌아다녔던 기억만 있어."

추정하건대 일본에서 공부한 시외할아버지는 일본 제국이 중국까지 세력을 확장하자 관련된 일을 하러 만주에 나갔던 것 같다. 식민지배를 받았던 그 당시에는 조선인 중 상당수가 일본 제국이 대륙으로 진출하는 파이프라인의 선봉대 역할을 수행했다.

"그러다가 언제 들어오신 거예요?"

"해방되고도 거기서 좀더 있다가. 그래도 아버지가 고향으로 돌아가야겠다고 했던 것 같아. 친척들이며 가족들이 다 남쪽에 있으니까. 돌아온 지 몇해 지나지 않아서 전쟁이 터졌어. 그때 아버지는 서당 선생님이었고. 워낙 일본에서부터 공부를 많이 했으니까, 한문 가르쳐주는 선생이 된 거지."

어머니는 생각보다 또렷이 그 당시를 기억하고 있었다. 어린 나이에 경험한 중국에서의 삶 속에서 일본인과 조선인, 그리고 중국인들은 서로 구별되어 있었고, 분명한 서열이 있었다. 해방된 이후에 시외할머니의 손을 잡고 압록강을 건너 조선으로 다시 이주한 것과 친척들이 많이 모여 살았던 남쪽의 깊은 농촌지역의 인상도 마치 영화의 한 장면처럼 설명했다. 먹을 것이 참 귀하던 시기에 동네에 사는 친척 언니 집에서 지냈던 얘기부터 중국이나 남한이나 못 살기는 마찬가지였지만 그래도 조선어 하는 사람들이 모여 있는 남한에 와서 뛸 듯이 기뻐했던 것도 생생하게 말해주었다.

어머니의 나이가 이제 팔순을 넘겼으니 내가 중국에서 만난 순영 할머니나 정희 할머니와 비슷한 연배였다. 세명 모두 중국 연선지방에서 태어났지만 참 다른 인생을 살아갔다. 순영 할머니는 중국에서 태어나 결혼하여 아이도 낳고 살다가 북조선으로 들어갔고, 이후에 노년에 연길에 나와서 10년 넘게 지내다 최근에는 한국으로까지 이주를 한 사례였다. 정희 할머니는 중국에서 조선족으로 살면서 결혼하고 아이도 낳았다. 남편이 북조선에 가서 살겠다고 결심하면서 북조선으로 들어갔다가 고난의 행군을 겪으면서 다시 자녀들에게 경제적 도움을 주고자 중국으로 나와 현재는 마치 조선족처럼 살아가고 있다. 세 명 다 대학까지 공부한, 당시로서는 상당히 교육받은 여성이었으며, 1990년대 중반까지도 나름 직장생활을 한 인텔리 여성들이었다. 하지만 북조선을 선택한 순영 할머니와 정희 할머니의 삶은 지금까지도 곤란하다면, 민주화와 산업화를 성공적으로 이뤄낸 남한을 선택한 어머니는 상대적으로 편안하게 살고 있다. 이렇듯 시작이 같았던 '조선 여성' 세 명은 남과 북이라는 다른 공간을 선택하게 되면서 전혀 다른 모습의 현재에 이르게 된 것이다.

사실 나는 중국이나 한국으로 이주한 북조선 여성들을 만나면서 그녀들의 삶에 식민과 전쟁, 그리고 분단이 중첩되어 있음을 뼈저리게 느끼곤 했다. 하지만 정작 내 삶 주위에서는 그러한 전쟁과 분단의 흔적을 확인할 생각조차 하지 못했다. 나에게 분단 문제는 어쩌면 현지조사에서 존재하는 것이지 내 삶과는 동떨어져 있다고 생각했던 것 같다. 즉, 분단 문제를 '직업'으로 접근했지만 그것이 나와 관련되어 있음을 인지하지 못하였다. 이는 나의 가족이 이산가족이나 실향민과는 거리가 멀었기 때문이기도 하고 일상에서 마주하는 북조선 출신자와 친구나 동료는 될 수 있었지만 그들이 내 삶의 일부라고 느끼지 못했기 때문이다.

또다른 이유는 어머니의 삶이 순영 할머니와 정희 할머니의 삶에 비해서 훨씬 더 편안하게 느껴졌기 때문일 것이다. 적어도 경제적인 측면에서는 그랬다. 어머니는 사회적 네트워크도 상당했고, 오랫동안 교회를 다녀서 그런지 교회에서 교류하는 커뮤니티도 탄탄했다. 홀로 외롭게 지내고 있는 북조선 여성들과는 비교할 바가 아니었다. 게다가 남편과 아들 셋. 며느리 셋까지 꽤나 다복한 가족을 꾸린 터였다.

나의 시어머니는 열살이 채 되지 않은 나이에 만주에서 남한으로 이주한 이후에 사범학교를 거쳐 초등학교 선생님으로 평생을 살아왔다. 본인 표현으로는 하루하루가 "전쟁 같았다"지만, 적어도 그런 전투적 삶을 살아온 결과 현재는 안정적인 노년을 즐길 수 있게 되었다. 남한도 경제적으로 궁핍한 때가 있었는데, 그 당시에 결혼한 여성들도 마치 북조선의 여성들처럼 뭐든 경제생활을 해서 살림에 보탬이 되어야 했다. 대부분의 남한 여성이 공장이나 상점에서 닥치는 대로 일을 할 때, 어머니는 교편을 잡으며 상대적으로 안정적으로 아이들을 키울 수 있었다.

"어머니, 제가 만났던 북조선 할머니들이 있는데요. 그분들은 정말 힘들게 사셨더라고요."

"어떻게 살았는데?"

"북조선이 잘 못사니까 결국 중국으로 다시 나와서 돈 벌고 그러면서 사셔요. 나이도 많으신데 안되었지요."

"나도 뭐 그분들보다는 당연히 나은 삶이겠지만 살면서 힘든 일도 많았어. 내가 말을 다 안 해서 그렇지. 말해서 뭐 하나 싶어서 자식들한테 말 안 하고 삭히면서 살아온 세월도 있고."

생각이 많아진 듯한 어머니의 눈빛에서 난 뭔가 있었구나 하는 생각이 든다. 무슨 일이었냐고 자꾸 물어보는 며느리가 귀찮았던 것인지 아니면 자신의 삶을 궁금해하는 며느리가 밉지 않았던 것인지 어머니는 속마음을 조금씩 내보인다.

"내 아버지가 워낙 인텔리였잖아. 그래서 뭐 나도 학교도 보내주고 그런 거지. 나도 그래서 중국에서 학교도 다니고 그랬었고. 그런데 이곳으로 내려오고 난 이후에 아버지는 조용히 별말도 안 하고 그랬거든. 뭐 만주에서 호령하면서 살다가 갑자기 들어와서 동네 서당에서 글을 가르치고 있으니 그럴 만도 했겠지. 다행히 전쟁 중에는 별일이 없었어. 워낙 시골이어서 인민군이 내려오고 그러지도 않았고."

"그건 정말 다행이네요. 전쟁 중에 워낙 사람들이 많이 다치고, 죽기도 하고 그랬잖아요. 피난 가야 하는 경우도 많았는데요."

"그런데 전쟁 끝나고 내가 학교에서 공부를 하고 있는데, 갑자기 아버지가 없어졌어. 어느날 아침에 그냥 사라진 거야. 내가 아직 어린 나이였는데."

믿어지지 않았다. 한번도 들어보지 못한 이야기였다. 아니 어떻게 된 일이냐고 다급하게 내가 묻자 어머니는 담담하게 말을 이어갔다.

"그걸 몰라. 어디로 사라졌는지. 무슨 이유에서 사라진 건지도 몰라. 그런데 한참 지난 이후에 누가 그러는 거야. 학교에서 공부하고 있는데 누가 찾아와서 그러더라고. 북으로 간 것 같다고. 그래서 내가 화를 내면서 그런 말도 안 되는 소리 하지 말라고 소리치고 그랬어."

월북자의 가족들이 어떤 삶을 살아왔는지에 대해서는 다른 연구를 통해서 이미 잘 알고 있던 터라 어머니의 고통이 어떠했을

지 짐작됐다. 어머니가 매번 '전쟁'같이 살았다고 얘기하는 것이
단순히 없는 살림에 맨손으로 아이들을 키웠다는 뜻만은 아니었
겠다는 생각이 든다.

어린 나이의 어머니에게 친정아버지의 행방불명은 큰 충격이
었다. 언니가 두명 더 있었지만 일찍 결혼을 해 외지로 나가 있
었던 까닭에 당장 몸이 약한 친정어머니를 돌보는 것도 어머니
의 책임이 되었다. 그나마 친척들이 주변에 함께 살고 있었던 것
이 큰 힘이 되기는 했지만, 자신은 평생 아버지와의 관계를 부정
하면서 살아야만 했다. 우여곡절 끝에 사범학교에 들어간 어느날
경찰이 학교에 찾아오기도 했었다. 아버지에 대해서 물어보는 경
찰 앞에서 혹여나 문제가 생길까 노심초사했던 기억도 생생하다.

"아버지가 뭐 북으로 갔다는 얘기가 있다고 그 경찰이 슬쩍 찔
러보더라고. 그래서 내가 그랬지. 모른다고. 연락이 끊긴 아버지
를 내가 어떻게 알겠냐고 그랬지. 학교에 혹시라도 소문이 날까
봐 그때는 얼마나 가슴 졸였는지 몰라."

친척들 중에는 혹여나 어머니의 친정아버지가 정말 월북했을
까 싶어 거리를 두는 이들도 있었다. 어머니는 도움이 필요해 찾
아간 친척들로부터 문전박대를 당하는 경험도 했다. 어린 나이부
터 이 모든 것을 홀로 견뎌내야 했던 것이다. 이후에 결혼을 했
지만 친정어머니와 함께 사는 조건이었고, 다행스럽게도 아버지는
그런 어머니의 상황을 이해했다.

그 당시 영남 지역에는 여전히 이념의 광풍이 남아 있었다. 가
끔씩 시아버지는 가족이나 친척, 동네 사람들 중에서 빨치산에

연루되었던 상황을 언급하거나 전쟁 전후에 군대에 들어가지 않기 위해서 사람들이 산으로 숨어들어간 이야기를 해주시곤 했다. 전쟁은 1953년에 끝이 났지만 이후에도 이념을 둘러싼 여진은 계속된 것이다. 이런 상황에서 월북자로 지목된 사람의 자녀로 살아간다는 것은 분명 쉽지 않은 일이었다. 전투가 멈춘 지 얼마 되지 않은 상황에서 월북자는 공산주의자이며 북조선을 지지하는 사람으로 정의되곤 했었다. 더 나아가 남한에 가족이 남겨진 월북자의 경우에는 언제든 북조선의 간첩이 돼서 돌아올 수 있던 시기이기도 했다. 이 때문에 월북자의 남겨진 가족은 당국의 감시대상이었고, 진학이나 취업에도 불이익을 받았다. 월북자의 남겨진 가족에 대한 연좌제가 법률에서 금지된 것은 1980년이었지만 사회적으로 월북자의 가족에 대한 차별과 배제는 남한사회가 민주화된 1987년 이후가 돼서야 조금씩 개선되었다.

이제야 지금까지의 어머니의 행동이 조금씩 이해되기 시작한다. 대부분의 노년층이 그런 것처럼 어머니는 북조선에 대한 적대감이 상당했고, 북조선에 유화적이거나 대화를 해야 한다는 입장을 지닌 이들을 '빨갱이'라고 생각했다. 생활의 다른 측면에서는 누구보다도 자유로우며, 어떨 때는 세련되었다고 할 정도로 열린 생각과 사고를 가진 어머니가 유독 이 문제에서는 완고한 모습을 보였다. 나는 그런 어머니의 사고 이면에는 영남 출신이라는 지역주의가 자리잡고 있을 것이라고 어렴풋이 생각했다. 또 최근에는 어머니 동창들 간이나 교회 모임에서 활발하게 오고 가는 SNS 메시지가 결정적인 역할을 했을 것이라고 짐작하기도 했다. 이런 문제는 그저 말하지 않고, 서로 모른 척하는 것이 가정의 평화를 위한 일이라고 믿었다.

나의 의도된 '무관심'은 나로 하여금 어머니의 완고함 이면에 있는 고통을 전혀 가늠하지 못하게 했다. 어머니의 삶 자체가 사실은 분단과 깊숙하게 연관되어 있다는 것도 나는 몰랐다. 친정 아버지가 어디에 있든 제발 조용히 지내기를 매일 밤 기도했다는 어머니의 고백에는 자신의 삶이 송두리째 흔들릴지 모른다는 불안과 고통이 가득했다. 당장 친정아버지의 생사를 걱정하는 것도 어린 어머니에게는 힘겨운 일이었을 텐데 말이다. 살아남기 위해서 어머니는 더욱 '반공'적으로 생각하고 행동했으리라. 월북했을 수도 있는 아버지라는 존재를 지워내기 위해서도 반드시 그렇게 해야만 했을 것이다. 아버지를 앗아간 북조선이라는 곳을 끔찍하게 싫어하게 된 것도, 북조선과 연루되는 그 어떤 것도 부정적으로 감각하게 된 것도 어머니의 삶의 맥락에서는 충분히 이해될 만했다.

그런 어머니 앞에 북조선을 연구한다고 여기저기 뛰어다니는 며느리가 나타났으니 어머니가 얼마나 당황하셨을까 싶기도 하다. 며느리가 혹여나 동창들이 보내주는 메시지 속의 '빨갱이'들과 비슷한 생각을 갖고 있을까 노심초사했으리라. 돌이켜보니 어머니는 은근슬쩍 자신의 걱정스러움을 나에게 표현한 적도 있었다.

"넌 그렇게 중국에 가서 북에서 온 사람들도 만나고 그러는 거니? 믿을 만한 사람들이 아닌데 굳이 만나야 하니?" "이번에 한다는 남북정상회담 그거 쇼 아니니?" "우리가 준 돈으로 북이 핵도 만들고 미사일도 만든다고 하던데, 그 말이 맞니?"하는 질문을 나는 뭔가 잘 모르시는 어머니의 노파심의 발로 정도로 취급한 것 같다. 이 분야의 나름 '전문가'라고 자부하던 까닭에 어머니의 질문이 미디어에서 호도된 오해에서 비롯된다고 생각했기 때문이다. 하지만 전쟁과 분단을 거치면서 남북이 오랫동안 서로 경쟁하는 과정에서 가족의 이산을 경험한 어머니에게는 내가 접근하는 평화와 통일이 "세상 물정 모르는" 순진한 발상이라고 느껴질 수 있을 것이다.

세대 갈등이 심각하다는 얘기가 여기저기서 흘러나오던 즈음, 갑작스레 어머니에게 나는 어떤 며느리일까 하는 궁금증이 생겼다. 어머니는 북조선과의 대화를 주장하는 내가 불편하지 않을까 하는 생각이 들었다. 지금까지 가족 SNS에 올려두었던 나의 짧은 글이나 칼럼 등이 모조리 어머니의 심기를 건드렸을 것이 분명했다. 내가 당신과는 전혀 다른 생각을 갖고 있다는 것을 어머니는 너무나 잘 알고 있었다. 그럼에도 어머니는 한번도 나에게 싫은 내색을 하지 않으셨다.

"내가 뭐 동의는 못하지. 그런데 너 열심히 하잖아. 젊은 사람이 열심히 하면 분명히 이유가 있는 거겠지. 세상이 우리가 살 때랑 너무 많이 달라졌잖아. 기술이다 뭐다. 난 정신이 하나도 없을 정도니까. 이럴 때는 좀 걱정되기는 하지만 젊은 사람들을 믿는 것도 필요한 것 같아. 내가 너희 붙잡고 예전에는 빨갱이가 얼마나 무서웠는지를 말한다고 해서 너희가 느낄 수 있는 것도 아니고. 그리고 네가 그렇게 말하는 것을 보면 뭔가 이유가 있을 것 같기도 하고."

어머니의 불안이 사라진 것은 아니었다. 어머니는 다만 가족의 일원이 된 며느리를 통해서 다른 생각과 접근을 조용히 지켜보고 있는 것 같았다. 그것이 어머니의 두려움을 완전히 해소해주지는 못하겠지만 적어도 어머니는 나를 통해서 지금까지 믿어왔던 것을 한번쯤은 다시 생각하고 있는 듯했다.

나 또한 북조선에 대한 기성세대의 적대감에 이유가 존재할 수 있다는 사실을 곱씹게 되었다. 전쟁에서 서로에게 총부리를 겨눴던 경험, 눈앞에서 친구와 친지가 목숨을 잃는 모습을 지켜본 경험, 가족이 이념에 따라 뿔뿔이 흩어진 경험을 잊기란 쉬운 일이 아닐 것이다. 몸에 새겨진 부정적 감각이 시간의 풍파를 겪어 완고해진 것을 두고 노년층의 고집으로 단순히 매도해서도 안 되는 것이다. 무엇보다 그들이 경험한 역사는 현재를 규정짓고 미래로 전수될 것이기에 우리가 조금이라도 더 다가가 이해하는 것이 필요하다.

"월북자 연구하는 분한테 할아버지 이름을 한번 물어볼까요? 역사하는 분들이 아마 연구를 많이 해둬서 이름이 나올 수도 있을 텐데요. 궁금하시잖아요."

"다 부질없다. 애쓰지 마라. 어떤 일은 들쑤시지 않는 것이 나을 수도 있어."

쓸쓸해 보이는 어머니를 위로하고 싶었지만 쉽게 입이 떨어지지 않았다.

"어서 가라. 가서 일해라. 젊을 땐 열심히 일해야 하는 법이다."

8장

경계인, 연구자

사회학자? 혹은 '아시아인 여성' 사회학자?

나는 대학을 졸업하자마자 영국으로 유학을 갔다. 그때가 내 나이 스물세살이었다. 돌이켜보면 영국에서의 나의 삶은 지독한 열등감과 불안감에 괴로워한 시간이었다. 그 시절의 나는 연구자가 되겠다는 포부 같은 것은 없었다. 학업성적이 특출나지 않았던 까닭에 공부를 평생 업으로 삼고 산다는 것은 상상하기 어려웠다. 그저 영국에서 학위를 받아 좋은 곳에 취직해야겠다는 단순한 목표만 머릿속에 가득했다. 석사 정도면 충분했다. 나는 세계화 담론이 유행하던 시기에 대학에 들어갔지만 졸업할 때가 되자 취업시장 상황은 좋지 않았다. 대학 3학년 때 일어난 금융위기로 한국 사회와 경제는 꽁꽁 얼어붙어 있었다. '경제개혁'이 단행되었고 이 과정에서 상당수의 노동자가 비정규직으로 전락하는 상황이 도래했다. 대학을 졸업하면 어렵지 않게 대기업에 취업하던 시대는 이미 사라진 후였다.

취업이 어려워지자 친구들은 대학원에 진학했다. 당장 어떻게 살아야 할지 몰랐던 우리들에게 대학원은 일종의 도피처 같은 것이었다. 학과에서 공부를 잘하던 친구들은 교육대학원을 선택했고 또다른 몇몇은 사회학과 대학원으로 진학해 통계를 전문적으로 하겠다는 포부를 밝혔다. 하지만 나는 뭘 해야 할지 몰랐다. 아이들을 가르치는 학교 선생님이 된다는 것은 상상하기 어려웠고, 그렇다고 통계학을 배우자니 그래프, 숫자만 봐도 멀미가 날 정도로 취미가 없었다.

그나마 다행스러운 것은 대학에서 배운 사회학 공부가 꽤나 재미있었다는 점이었다. 지금 생각해보면 학부 때 배운 것은 사회학 가운데서도 극히 일부에 불과했지만 어설프게 사회비판이란 것을 한답시고 우쭐거리기도 했다. 학생운동이 사그라져가는 시기에 철학 동아리의 마지막 세대로 '학습'이라는 것에 빠져들기도 했다. 자연스럽게 공부를 좀더 해도 좋겠다는 생각에 이르렀고, 기왕이면 외국으로 유학을 가야겠다고 생각했다.

하지만 무작정 유학을 가겠다고 생각한 것은 내가 접한 사회학이란 학문의 식민성과도 깊게 관련있었다. 대학에서 만난 선생님들 대부분은 미국이나 유럽 유학파였기에 배우는 것의 대부분도 서구의 이론과 개념이었다. 청년들이 세계적 감각을 키워야 한다는 것을 강조하던 사회 분위기도 한몫을 했는데, 한국사회의 '세계'는 서구사회로 특정된 상태였다.

그렇다고 모두가 유학을 갈 수 있는 것은 아니었다. 돌이켜보면 전형적인 '근대화 세대'의 부모 때문에 가능했다. 그 시대의 부모들이 그랬던 것처럼 나의 부모는 가난한 집안에서 태어나 평생 고군분투하며 살았지만 장년기에 이르러서는 어느정도의 경제적·사회적 성공을 거둘 수 있었다. 조금은 삶의 여유가 생기자 일만 하느라 포기한 자신들의 열망을 자식들에게 투영했다. 당신들이 꿈꿔왔던 공부 기회를 자식들에게 기꺼이 제공해주고자 했으며 자녀들의 삶은 분명 자신들보다는 나아야 한다고 믿었다. 내가 친구들처럼 대학원 진학을 고민할 때 아버지는 단기간이라도 유학을 다녀올 것을 제안했다. 아버지 세대에게 근대화 모델은 서구였고, 특히 영어라는 문화자본을 추앙하는 의식이 깊게 자리하고 있었다.

"일단 영어가 중요하다. 한국에서 대학원 갈 바에는 차라리 좀 고생하더라도 유학을 다녀오는 것이 좋을 것 같다. 그러면 다녀와서 취업도 잘될 수 있어. 돈 걱정은 너무 말고. 영국은 대학원이 1년제라고 하니까 여기서 2년 대학원 다니는 것과 돈 차이도 크지 않아."

나로서는 아버지의 직장이 안정적이더라도 유학에 필요한 비용은 부담될 수밖에 없었다. 평생 돈 걱정을 하며 살아온 어머니를 생각하면 쉽사리 결정하기 어려웠다.

"돈이 걱정되면 네가 가서 열심히 하면 되는 거야. 부모가 얼마나 열심히 사는지 네가 잘 아니까. 그러니까 우리가 힘들지만 마음먹은 거야."

어머니는 심각한 표정으로 내게 학업에 최선을 다할 것을 주문했다. 나는 부담감에 온몸이 조각나는 것 같은 기분이 들었다. 지금 생각하면 너무 우스운 일이지만 난 비행기 안에서 부모님의 희생을 곱씹으며 반드시 학위를 따서 (성공해서?) 돌아오겠다는 다짐을 했던 것 같다.

내가 선택한 학교는 영국에서도 유명한 좌파 사회학자들이 모여 있는 곳이었다. 돌이켜보면 그 학교를 선택한 것에서부터 나의 운명이 바뀐 것 같다는 생각도 든다. 영국에 도착했을 때는 런던에 위치한 대학으로 진학할 예정이었지만 우연한 기회에 얻게 된 장학금으로 인해 영국 학계에서도 진보적이라고 평가되는 학교로 진학하게 되었기 때문이다. 만약 내가 기존의 계획대로 런던에 남았더라면 아마도 사회학에 대한 관심과 흥미를 얻기는 어려웠을 것 같기도 하다. 애초에 진학하려 했던 런던의 그 학교는 영국 대학 중에서도 가장 신자유주의적인 학문 풍토를 지니고 있는 곳으로 학교 분위기가 상당히 경쟁적이었고, 사회학과에도 불평등이나 사회 문제 등에 대해서 상대적으로 보수적인 학자들이 포진해 있었다.

내가 진학한 학교에 도착해보니 가히 자유롭고 진보적인 문화가 곳곳에 배어 있었다. 과거 어렴풋이 책에서 본 이름들이 캠퍼스 곳곳을 활보하고 있는 것이 신기했다. 맑시즘과 포스트맑시즘에 정통한 학자부터 영국 문화연구를 이끌어오던 명망 있는 연구자까지 평소에 존경하던 학자들을 일상적으로 만나곤 했다. 특히 영국 노동계급의 문화를 분석한 연구로 잘 알려져 있는 사회학자들의 수업은 글로 접한 것보다 훨씬 더 매력적이었다. 더욱 감동적인 것은 아무리 유명한 학자라고 하더라도 일상에서는 학생들과 격의 없이 토론하고 어울리는 문화가 깊게 자리잡혀 있었다는 점이다.

학생들도 각양각색의 개성을 뽐내고 있었다. 영국 내에서 가장 큰 규모의 사회학과라는 명성에 걸맞게 사회학 이론부터 방법론, 거기에 세부 연구주제별로 다양한 관심을 가진 학생들이 모여 있었다. 특히 영국 사회학계의 전통적 주제인 사회 불평등이나 갈등에 대해 연구하고자 하는 학생들이 상당히 많았다. 또한 최근에 부상하고 있는 정체성 연구도 활발히 진행 중이었다. 과거 난민이나 빈민이었던 경험을 기반으로 논문을 준비하는 이들도 있었으며, 영국 사회 갈등의 중심축인 노동자 문제에 천착한 노동자 집안의 학생들도 많았다.

수업시간에는 치열한 토론이 오갔고 학생들끼리의 사교 모임에서도 온갖 종류의 비판적 논의들이 이어졌다. 대학 시절에 나름 '철학' 공부를 했다고 자부했던 나의 문제의식은 거기에서는 아무것도 아니었다. 언어가 힘들기도 했지만 단순히 언어의 문제가 아니었다. 학급 동료들은 일상의 사소한 현상을 가지고도 몇 시간씩 토론을 이어가곤 했다. 나는 매 순간마다 사회학적 토론을 이어가야 하는 상황에 맞닥뜨리기도 하고, 특정한 사회 이슈에 의견을 표명해야 하는 경우도 다반사였다. 하지만 주변 동료의 열띤 토론을 들을 때마다 꿀 먹은 벙어리가 되곤 했다. 그럴 때면 창피함을 넘어서 일종의 모욕감 같은 것을 느꼈다. 논의를 제대로 따라가지 못하는 데서 비롯된 열등감이 두통이나 수전증 같은 신체 증상으로 발현되기도 했다. 나는 수업시간이나 일상의 공간에서 접하는 친구들의 날카로운 코멘트에 탄복하며 나의 한계를 절감하고 있었다. 단순히 공부를 따라가는 것의 문제가 아니었다. 나는 '질문'이 없었다. 책을 읽거나 논문을 봐도 이해하는 데 급급할 뿐, 비판적으로 접근해서 따지고 드는 능력이 전무했다.

한편 나의 열등감은 이상한 승부욕을 불러일으키기도 했다. 석사를 '겨우' 마치고 나자 갑작스레 공부와 연구에 대한 심한 갈증 같은 것이 생겨나기까지 했다. 동료 학생들처럼 나만의 연구 질문을 만들어 분석하고 싶었다. 더 공부하고 싶다는 생각이 깊어졌고 이제 겨우 기본 논의나 개념 정도 이해한 많은 이론과 방법론을 나의 언어로 제대로 해석하고 싶다는 욕망이 꿈틀거렸다. 이제야 '맛'을 알게 된 사회학적 연구를 제대로 한번 하고 싶었다. 그래서 나는 그때까지 한번도 생각해본 적이 없었던 박사 공부를 시작했다.

영국에서의 박사과정 수업은 철저하게 학생 혼자 연구하는 시스템이다. 2~3주에 한번씩 지도교수에게 나의 연구 진척 정도를 확인받기는 하지만 수업을 듣는 것도 그렇고 연구 질문에 따라 연구를 진행하는 것도 모조리 나 혼자 해야만 하는 일이다. 슬럼프에 빠지면 도움을 청할 곳도 없었다. 무조건 혼자서 다시 연구를 진척시켜야 했다. 게다가 여전히 나는 비판적 질문을 도출하는 것에 취약함을 보이고 있었다. 남의 연구를 이해하는 것은 일정 정도 익숙해진 상태였지만, 나만의 시각과 연구 문제를 도출하지 못해 끙끙거렸다. 학문의 특성상 사회학 연구자들은 대부분 자신의 삶에 기반을 둔 문제의식을 갖고 있었다. 예를 들어 빈민으로 살았던 영국인 친구는 영국 사회복지 시스템에 대한 연구 질문을 박사학위에 녹여냈다. 68세대의 일부로 히피 문화에 빠져 있었던 또다른 동료는 신자유주의의 문화적 규율과 통제에 대한 논문을 완성해 모두에게 박수를 받기도 했다. 다들 자신의 삶을 성찰적으로 돌아보며 연구 질문을 도출하고 있었는데, 나는 여전히 그런 질문을 찾아내지 못해 방황하고 있었다.

고민이 깊어질 무렵 박사과정을 함께 밟고 있던 한 인도계 영국인 동료가 냉정하게 나에게 말했다.

"성경은 아마 곱게 자라서 그런 것 같아! 그건 뭐 세상을 그렇게 볼 수 있는 위치에 있었다는 것이니까. 여기 같이 공부하는 사람들을 봐. 모두들 자신의 삶에서 질문을 가지고 온 거잖아. 그런데 성경은 아직 어리기도 하고, 또 삶이 별 굴곡이 없어서 질문을 만들기가 어려운 거겠지."

특별히 상처를 주려고 한 말은 아니었으리라. 사실 그녀는 인도계 영국 커뮤니티의 '명예살인'에 대한 연구를 진행하고 있었는데, 그녀와 그녀의 가족 중 상당수는 문화적 차이로 인한 폭력에 시달리고 있었다. 그런 만큼 그녀의 연구는 자신의 삶과 죽음에 관한 기록이기도 했다. 그런 그녀의 눈에 나의 문제의식이라는 것이 너무 두루뭉술하게 느껴졌을 것이 분명했다. 또한 영국 학생들에게는 동양인 유학생에 대한 선입견이 있었다. 이들이 별다른 '의식' 없이 계급 상승의 열망으로 유학을 온다는 생각이 뿌리깊게 자리하고 있었기 때문이다. 하긴 그들의 고정관념이 완전히 틀린 것도 아니었다. 내가 처음 영국에 유학을 온 것도 학문에 대한 열의 때문이라기보다는 외국 학위라는 문화자본을 획득하여 부모 세대보다 높은 사회적 지위를 얻겠다는 의도가 다분했기 때문이다.

내가 '위치성'position이라는 것에 대한 고민을 시작하게 된 시점이 이때쯤이었다. 나의 인식의 위치는 어디이며 그것의 구조적 한계와 가능성은 무엇인가? 그로 인해 내가 감각하고 문제시할 수 있는 것과 없는 것은 무엇일까? 중산층 연구자는 노동자나 하층민의 불평등 문제에 대해서는 질문할 수 없는 것인가? 난민이나 소수자와 같은 사회적 약자에 대한 연구는 당사자만이 가능한 것인가? 그렇다면 사회 불평등이나 권력의 폭력성에 천착한 사회학 연구자는 피지배층이라는 실존적 위치에 놓인 이들이어야만 하는가?

연구자의 위치성에 대한 논의를 따라가다보니 페미니스트 인식론을 접할 수 있었다. 일군의 페미니스트 연구자들은 기존의 지식이 보편성을 강조하면서 남성 중심적인 인식과 사고체계를 강화해왔다고 비판한다. 객관성, 과학성, 보편성이라는 패러다임에서 여성으로 대변되는 타자가 생산되어왔음을 비판하면서 여성의 '상황적 지식'situated knowledge이야말로 '보편적 지식'universal knowledge이라는 신화를 깰 수 있는 인식의 전환이라고 주장한다.[1] 다양한 주체들의 위치와 경험에 기반을 둔 '상황적 지식'은 연구

참여자의 '상황'뿐만 아니라 연구자를 둘러싼 입장과 위치에 대해서도 고려할 것을 강조한다.[2]

특히 샌드라 하딩Sandra Harding은 페미니스트 입장이론Feminist Standpoint Theory을 주창하면서 사회적 위계 관계에서 가장 억압받는 위치에서만 진정한 사회적 관계와 현실이 포착될 수 있음을 주장한 바 있다.[3] 지금까지 보편적 지식체계에서 포착되지 못한 존재들의 경험을 드러내야 사회적 관계의 진정한 실체에 접근할 수 있다는 뜻이다. 그렇다고 여기서 위치성의 개념이 단순히 억압적 환경에 노출된 주체 모두에 적용됨을 뜻하는 것은 아니다. 오히려 위치성은 불평등한 사회적 관계를 구성해내는 물질적 조건을 인식하며 그 관계와 주체가 어떻게 연관되어 있는지를 포착함으로써 획득될 수 있는 것이다.[4] 즉, 생물학적 '여성'이라는 이유에서 자동적으로 페미니스트 인식의 주체가 되는 것은 아니라는 뜻이다. 권력의 물질성과 사회적 관계성을 꿰뚫어 볼 때 바로 페미니스트 입장이라는 위치가 가능해지는 것이다.[5] 그런 만큼 페미니스트 입장이라는 것은 연구자의 인식론적 투쟁과 정치적 각성을 통해서 접근 가능한 것이 된다. 이 논의를 조금 더 확장해본다면 연구자를 둘러싼 사회적 환경이나 구조적 제약은 분명 존재하지만, 연구자라면 현상 이면에서 작동하는 권력과 사회적 관계를 문제시하는 인식론적 입장과 시각을 구축해내야만 하는 것이다.

이제야 비로소 내가 적절한 사회학적 질문을 도출하지 못한 이유가 무엇인지 또렷해졌다. 나를 둘러싼 사회구조의 복합성에 대해서 내가 충분히 인지하지 못했기 때문이었다. 나의 사회적 위치는 분명 위계와 직접적으로 관련되어 있었지만 학업을 이어나 갈 수 있을 정도의 자본이 내게 있다는 이유로 유무형의 권력의 작동에 대한 나의 고민은 표피적 수준에 머무르고 있었다. 나의 가장 큰 문제는 권력의 위계를 문제시할 인식론적 '입장'이 부재 했다는 데 있었다. 나를 둘러싼 사회적·문화적 환경을 벗어나 구 조적 문제를 꿰뚫어 볼 수 있는 인식과 입장을 '각성'하지 못한 것을 반성해야 했다. 나의 '위치성'을 성찰적이며 비판적으로 사 고하는 데 사회학적 이론과 개념을 충분히 활용하지 못한 것이 화근이었다.

주지하듯 연구자인 '나'의 위치는 다양한 지배구조에 포획되 어 있다. 예를 들어 나는 학자금 대출로 학업을 지속하고 있는 영 국인 동료들에 비해서 경제적 측면에서는 분명 조금 더 안정적 일 수 있었지만, '아시아인 여성'이라는 젠더와 인종 측면에서는 억압적 구조를 경험하고 있었다. 유학 온 '아시아인', 그중에서도 '한국인'은 영국 대학에서 외부인으로 취급되는 존재였다. 대학 이라는 공간에서 가시적인 차별이나 배제는 금기시되었지만, 지 원과 배려를 통해서 비가시적인 경계는 재생산되고 있었다. 예컨 대 언어와 식민지 지식이라는 문화자본을 가진 영국 동료들은 친 절이라는 명목 아래 나를 '어린아이 가르치듯' 다루기도 했으며, 자신들의 문화를 보편적인 것으로 상정하고 나의 경험과 배경을 평가하기도 했다. 나의 영어에 배어 있는 한국식 억양을 "아름답 다"는 매끈한 표현을 써가며 기준에 미달하는 것으로 평가하기 도 하고, 영국 학생들을 대상으로 진행한 나의 강의와 세미나에 대해 "외국인치고는 꽤나 괜찮게" 이끌었다고 "칭찬"(?)하여 나를 당황하게 했다. 학교나 학회에서 만난 영국인 동료들은 나를 그들과 다를 바 없는 연구자로 취급하기보다는 '한국인 연구자'로 호명하며 가르쳐주거나 도와줘야 하는 존재로 생각하는 경향이 강했다. 더욱 속상한 것은 그들이 나의 연구 발표를 듣고는 한국의 상황에 대한 충분한 맥락적 고려 없이 단순하게 '근대화 후발주자' 혹은 '근대 기준'에 미달된 경험으로 일반화하는 우를 범하는 일도 잦았다는 점이다. 영국 대학이라는 공간에서 아시아인 학생에게 가능한 것과 허용되지 않는 것은 명확하게 작동하고 있었다.

반대로 젠더적 측면에서는 영국에서의 생활이 한국의 가부장적 문화로부터의 자유를 보장해주기도 했다. 한국어의 경어체가 익숙한 나는 상대방의 연령이나 사회적 위치에 따라 서열적인 행동 관습을 당연한 것처럼 실천하곤 했다. 특히 한국어로 소통할 때 나이가 어린 여성이 수행해야 하는 젠더적 관습은 상당히 명확하여 답답하게 느껴졌다. 반면에 영어로 소통하는 영국에서는 상대적으로 위계나 서열로부터 자유로웠다. 외국인 친구들과 영어로 소통할 때는 나 스스로도 훨씬 더 여유롭고 편안하다고 느낄 정도였으니 말이다. 하지만 여성으로서 느끼는 자유로움도 아시아인이라는 정체성과 상호 교차하게 되자 또다른 억압 구조로 전환되었다. 영국사회에 작동하는 "착하고 고분고분한 아시아인 여성"이라는 이미지는 나의 활동 반경을 제약하기 일쑤였으며, '사회학 박사'까지 공부한 나도 이러한 이미지를 뛰어넘는 독립적인 주체, 동등한 연구자로 인식되기란 쉽지 않았다.

이제야 비로소 사회 내 권력의 작동에 대한 비판적인 질문에 한발자국 가깝게 다가가는 느낌이 들었다. 나의 경험 세계로부터 발현된 비판의식이 조금씩 명확해지는 듯했다. 상황적 지식을 생산하는 것이 중요하다고 믿는 연구자 '나'는 나의 사회적이며 맥락적인 위치를 고려한 연구 질문을 도출하는 것이 필요하다. 젠더적이며 식민주의적인 위치로 인한 권력의 작동을 절감한 '나'는 이러한 문제의식을 연구 주제와 과정 전반에 녹여내야 한다. 나는 한반도라는 맥락에서 발생하는 다양한 사회현상을 탈식민주의와 젠더라는 키워드로 읽어내는 것으로 조금씩 연구 방향을 맞춰가기 시작했다. 그렇다고 당장 탈식민주의와 페미니즘이라는 이론과 개념을 능수능란하게 다뤄낼 역량을 갖춘 것은 아니었다. 다만 나의 인식론적 입장이 지닌 가능성과 한계를 명확하게 인정하게 되었고, 이를 기반으로 조금씩 연구 질문과 주제를 가다듬어가겠다는 다짐을 하게 되었다.

여전히 흐릿한 문제의식의 파편이 혼재되어 있을 때 나는 박사 공부를 마쳤다. 지도교수는 박사학위는 혼자서 본격적으로 연구하는 것이 가능하다는 일종의 '자격증' 같은 것이라고 말했다. 역량이 충분한 몇몇은 '자격증'을 발판으로 빠르게 독자적인 연구를 진행하겠지만, 사실 대부분은 학위 이후에 더욱 갈피를 못 잡고 혼돈에 빠지곤 한다. 안타깝게도 나는 후자였다. 박사학위 기간 내내 스스로에 대한 질문으로 고통스러워했다면, 이제는 종이 한장에 불과한 '자격증'의 무게로 인해 한계를 한탄하거나 불안감을 토로해서는 안 되는 위치에 놓이게 된 것이다.

연구 현장에서의 분단:
남한 출신 연구자와 북조선 출신 연구 참여자

　본격적인 어려움은 학위를 받고 시작되었다. 안정적인 직장이 없어서 받는 스트레스는 차치하고라도 연구자로서의 자신감이 바닥이었다. 그사이 아버지는 은퇴했고, 경제적으로도 완전히 독립을 해야 했다. 생활비를 벌기 위해서 닥치는 대로 아르바이트를 하면서 영국에서의 삶을 버티고 있었다. 급기야 생활을 위해서 잠시 연구를 접고 다국적기업에 취업하기도 했다. 살인적인 물가를 자랑하는 영국에서 시간강사로 살아남는 것은 불가능에 가까웠기 때문이다. 또한 인정하기는 싫지만 숨겨진 진짜 이유는 연구자로 평생 살아갈 자신이 없었다는 데 있었다. 박사학위만 마치면 좀 나아질 것이라 믿었지만, 학위와 함께 연구자로서의 단단한 자아가 자동적으로 형성되는 것은 아니었다.

　4년 남짓한 시간 동안 유럽에 기반을 둔 리서치 회사에서 일을 했다. 직함은 '프로젝트 매니저'였지만, 인터뷰, 통역, 일정 관리까지 나의 학위와는 전혀 상관없는 일을 했다. 그 기간에 내가 얻은 것이 있다면 기업이 어떤 방식으로 운영되는지를 어렴풋하게 확인했다는 것과 유럽 동료들과 같은 사무실에서 일을 하면서 문화적 관습 등을 관찰한 것이었다. 신자유주의가 규범으로 자리잡은 기업에서 지식노동이 어떻게 분화되고 있는지 확인하였으며,

유럽이라는 정체성에도 미세한 차이와 균열이 존재하는 것도 경험하였다. 학위과정 중에 책과 세미나에서 언급되었던 인종적·민족적·계급적 문제들을 현실에서 확인한 것이야말로 가장 큰 소득이기도 했다.

흥미롭게도 기업에서 일을 하면서 나는 연구를 평생 업으로 삼아야겠다는 생각을 굳혔다. 틀에 박힌 일을 수행해야 하는 것이 생각보다 답답하게 느껴졌다. 보고서도 짜인 틀 아래 작성해야 했기에 지루했다. 게다가 나는 현실에서 맞닥뜨리는 대부분의 상황에서 사회적 '문제'가 자꾸만 눈에 들어왔다. 기업, 노동, 문화라는 거창한 개념을 들먹거리지 않아도 부당하거나 불평등하다고 느껴지는 순간이 적지 않았고, 현상 이면에서 권력과 지식이 작동하는 것이 나의 오감에 포착되는 일이 일상이었다. 석·박사학위 과정에서 배운 많은 이론과 개념 들이 나의 의식과 경험 세계를 장악하고 있음을 학교 문을 나서자 비로소 뼈저리게 느꼈다. 내가 경험하고 생각하는 것을 좀더 자유롭게 토론하고 연구하고 싶었다. 책에서 본 것과 실제 경험을 연결짓는 연구를 이제는 할 수 있을 것만 같았다. 이런 생각이 깊어갈수록 직장생활은 생활비를 벌기 위한 노동으로 인식되기 시작했고, 노동으로부터의 소외가 무엇인지도 어렴풋이 경험하게 되었다. 아무리 돈을 벌지 못하더라도, 혹은 미래가 보장되지 않더라도 내가 의미를 두는 일을 해야겠다는 생각이 확고해졌다.

결국 10년의 영국 생활을 마치고 한국으로 돌아왔다. 경제적 이유도 컸지만 박사학위 이후 이렇다 할 논문을 생산하지 못한 까닭에 당장 영국에서 연구직을 얻기 어려웠기 때문이었다. 부모님 집에 기거하면서 논문을 몇편 생산하면 연구직 일자리를 구할 수 있을 것이라는 막연한 계획이었다. 첫해는 몇몇 대학에서 시간강사를 하면서 버텼다. 다행스럽게도 다음 해에는 국책연구기관의 연구직과 연구교수 자리를 차례로 얻을 수 있었다. 하지만 연구 측면에서는 이렇다 할 돌파구를 찾지 못하고 있었다. 박사학위논문에서 다룬 연구주제는 직장생활 동안 발전시키지 못해 확장하는 것이 쉽지 않았다. 새로운 환경에 적응해야 하는 상황에서 연구주제 발굴에 집중하는 시간을 확보하기도 어려웠다.

다시 길을 잃은 느낌이었다. 하긴 단 한번도 제대로 길을 걷고 있다는 생각이 들지 않았던 것 같기도 하다. 그때 더욱 빠져들게 된 탈식민주의 연구와 이론이 나에게는 유일한 숨구멍 같은 것이었다. 아시아의 연구자들이 각자의 역사적·사회적 맥락에 기반을 둔 탈식민적 논의를 심화하고 있다는 것을 알게 되기도 했다. 타이완의 천광싱陳光興과 싱가포르의 추아뱅홧Chua Beng Huat 같은 학자들의 연구를 읽으면서 나의 세계를 분석하는 또다른 무기를 얻는 느낌이었다.[6]

사실 영국에서 공부하는 내내 나는 식민지적 지식인의 열등감에 시달리곤 했는데, 이를 극복하는 방식은 더욱 서양인들처럼 사고하려 노력하는 것이었다. 나는 서양의 지적 전통이나 사회학 이론 계보를 어떻게든 최대한 수용하려 노력했다. 읽기 어려운 알뛰쎄Louis Althusser, 그람시Antonio Gramsci, 푸꼬Michel Foucault, 벤야민Walter Benjamin 등의 텍스트를 이해하려 안간힘을 썼으며, 그들의 개념으로 나의 세계를 무비판적으로 해석하려 했다. 하지만 파농 Frantz Fanon이 백인이 되고자 하는 흑인의 심리 상태를 분석하면서 설명한 것처럼 '그들'이 되고자 하는 '나'는 결국 분열적 정체성을 지닐 수밖에 없었다. 내 안에는 의존 콤플렉스와 열등 콤플렉스가 마치 동전의 양면처럼 같이 작동하고 있었다.[7] 서구의 이론을 수용하면 나도 그들처럼 비판적 질문을 던질 수 있을 것이라 생각했지만, 나의 질문은 내가 처한 상황의 문제 중심에 가닿지 못하고 있었다.

세상을 해석하는 언어의 부재를 절감하면서 나의 위치에서 경험하고 포착할 수 있는 새로운 언어가 무엇이 있을지 탐색하기 시작했다. 이제야 비로소 나의 의식 속의 식민성을 마주하게 된 상황에서 새로운 탈식민적 언어와 의식을 갑자기 구축하는 것은 가능하지 않다. 탈식민주의 이론이 혼종성hybridity이라는 개념을 통해서 설파하듯이 보편성이라는 맥락에서 이미 사고체계를 장악한 식민자의 언어 밖의 또다른 언어를 만들어내는 것은 불가능에 가깝다.[8] 식민주의적 시선이 일상과 의식, 언어에 얼마나 깊숙이 배어 있는지 분석하고, 그 틀 안에서 의미의 전유appropriation와 혼종적 실천 같은 저항의 가능성을 탐색하는 것이 필요하다. 무엇보다 내 안의 의존과 열등 콤플렉스를 마주함으로써 그 틈새의 다양한 경험을 포착하고 이에 천착한 사유를 만들어내는 것이 중요하다.

내가 식민, 전쟁, 그리고 분단이라는 역사성에 주목하게 된 이유가 여기에 있다. 결국 나의 의식과 사고에 깊게 내재해 있는 식민성은 탈식민적 사고를 통해 내파되어야 하는 것이었다. 탈식민적 질문으로 나의 세계를 해석하기 시작하니 해방감이 느껴질 정도였다. 오랜 세월 켜켜이 쌓여 있는 문제점들이 인식되자 결국 분단의 문제에 대한 재해석이 필요하다는 결론에 이르게 되었다. 세대를 가로지르며 작동하는 분단은 우리 안의 식민성을 지속시키는 가장 중요한 구조였으며, 동시에 탈식민적 전환을 막아서는 현실적 제약이기도 했다.

그렇다면 분단 문제에 대한 탈식민적 질문은 무엇이 되어야 할 것인가? 가장 필요한 것은 역사적 맥락을 고려하여 분단을 논의하는 것이다. 단순히 남북 간의 문제가 아니라 19세기 말부터 동아시아에 깊게 드리운 식민의 역사가 분단의 배경과 맥락이 되었음을 간파해야 한다. 해방 이후의 탈식민 과정이 전쟁으로 인해 어떻게 굴절되며 이후 냉전의 영향 아래서 분단으로 고착되는지도 인식해야 한다. 이러한 역사적 경험이 한반도를 살아가는 사람들의 삶과 경험에 내재해 있다는 사실을 지적하는 것도 필요하다.

나는 분단 문제를 국가가 아닌 사람들의 수준에서 접근하는 것을 선택했다. 지금까지 북한학의 기존 연구는 국가와 민족의 분단을 다루는 까닭에 국가 중심성이 상당했다. 하지만 페미니스트 입장이론과 탈식민주의 문화연구로부터 시작된 나의 문제의식은 다양한 집단의 다층적인 경험을 밝혀냄으로써 억압적 사회구조의 작동 메커니즘의 면면을 드러내는 것이 중요하다는 확신이 뒷받침된 것이었다. 즉, 식민과 분단은 단순히 국가 수준에서만 작동하는 것이 아니라 사람들의 일상, 정체성, 삶을 규정하고 있으며, 이에 접근하기 위해서는 식민과 분단의 위계 서열에서 가장 하위에 존재하고 있는 집단의 경험을 드러내는 것이 무엇보다 중요하다.

나의 판단으로는 북조선 사람들, 이들 중에서도 여성들이야말로 식민과 분단의 중층적 역사성을 내재한 가장 중요한 집단이다. 여성이라는 젠더적 위치성이 이들로 하여금 식민, 전쟁, 그리고 분단을 남성과는 다르게 경험하게 하였을 것이 분명했다. 특히 사회주의체제의 급격한 이식의 과정에서 여성은 노동자라는 또다른 사회적 책무를 짊어지게 되었다. 북조선 여성들은 가부장제와 사회주의라는 체제가 상호 교차하는 사회적 관계 속에서 살아남아야 했다. 노동자는 평등하다는 주장에도 불구하고 노동은 젠더화되어 작동되었으며, 이러한 구조가 결국 북조선 여성들을 이동하는 주체로 만들어내게 된다. 또한 탈냉전과 세계화의 광풍 속에서 국경을 넘는 이동을 감행한 북조선 여성은 젠더화된 이주 산업이 결정적인 유인 요인이었지만, 동시에 북조선 내에서 계급적으로나 지역적으로 가장 소외되어 있기 때문에 밀려난 것이기도 하다. 퍼트리샤 힐 콜린스Patricia Hill Collins가 "내부자이자 외부자"outsider within라는 개념으로 설명한 것처럼[9] 북조선 여성은 식민, 젠더, 계급 구조가 상호 교차하여 구축한 매트릭스의 가장 하위에 위치하고 있으며, 이들의 경험 세계는 권력이 만들어내는 위계가 얼마나 다층석으로 작동하고 있는지 폭로한다. 그렇다면 연구자인 '나'는 북조선 여성이라는 하위주체가 경험하는 상호 교차적인 '지배 매트릭스'를 그녀들의 다양한 경험과 이야기를 통해서 밝혀냄으로써 위계의 재생산 체계를 비판하는 것을 목적으로 해야 한다.

문제는 북조선 여성이라는 분단의 위계 서열에서 가장 하위에 존재하는 이들과 연구자인 '나' 사이의 간극이었다. 이들의 상황을 문제시하는 것은 분명 의미있는 일이었지만, 남한 출신 연구자와 북조선 여성 사이에는 구별되는 경험 세계가 존재하고 있었다. 분단체제가 만들어내는 위계가 '나'와 북조선 여성 사이에 존재하며, 인류학적 연구에서 지속적으로 제기되어온 연구자와 연구 참여자 사이의 권력관계도 문제적이었다.[10] 다시 말해 연구자가 연구 참여자의 경험을 대상화할 수 있다는 문제제기는 남한 출신 연구자와 북조선 출신 연구 참여자라는 또다른 권력적 관계망과 결합되어 더욱 복잡한 양상으로 진화되었다. 이런 맥락에서 북조선 연구를 남한 연구자들이 주도적으로 진행하는 것은 역설적으로 여전히 북조선 출신자들이 학술 담론장에서 '말할 수 없음'을 방증하는 것이라는 비판도 있다.[11] 남북 사이의 불균등한 권력관계가 남한 출신 연구자와 북조선 출신 연구 참여자 사이에서 더욱 가시화된다는 문제제기이다.

하지만 앞서 페미니스트 입장이론에서 살펴본 것처럼 특정 집단에 실존적으로 위치하고 있다는 이유만으로 '입장'을 자동적으로 부여받는 것은 아니다. 연구자는 자신의 한계를 성찰적으로 접근함으로써 '입장'에 다가갈 수 있는데, 여기서 중요한 것은 권력과 서열이 작동하고 있음을 인정하고 이에 대한 비판적이고 성찰적인 태도와 질문을 지속하는 것이다.[12] 다시 말해 남한 출신 연구자는 북조선 출신 여성을 연구 참여자로 자신의 연구에 초청할 수 있지만, '남한 출신'이라는 위치와 '연구자'라는 역할이 만들어내는 위계를 충분히 고려해야 한다. 또한 남한 출신 연구자가 북조선 출신 여성에 대한 지식을 생산한다면 그것은 연구자의 위치성과 그것의 한계를 내포하고 있다는 것을 알아차려야 한다.

결국 연구자인 '나'는 연구 참여자인 북조선 여성을 타자화할 가능성에서 자유로울 수 없다. 이를 완전히 해결하거나 극복하는 것은 가능하지 않다. 오히려 그러한 위험성이 무엇인지를 그대로 드러냄으로써 연구의 위치와 한계를 명확하게 하는 것이 필요하다. 이런 맥락에서 나는 자아문화기술지라는 방법을 활용하여 연구자인 내가 연구 참여자인 북조선 출신자를 공감하여 이해하는 것이 가능한지에 대한 질문을 던지는 논문을 발표하기도 했다.

(…) 그 과정에서 결코 나는 B가 될 수 없음을 받아들이게 된다. '공감'이라는 말을 들먹거린 것, 그리고 마치 내가 공정한 연구자로서 북한이탈주민을 더 깊게 이해할 수 있을 것이라는 가정 이 모든 것이 나의 오만이었다. 나는 그들이 될 수 없다. 그들 또한 내가 아니다. 이렇게 기본적인 사실을 이제야 인지했다는 것이 수치스럽다. 정의감에 불타는 연구자 역할에 너무 심취했던 나는 마치 내가 그들을 깊게 이해할 수 있을 것이라고 가정했던 것이다. (…) '공감'이라는 강박을 버리고 나니, 이제 그들이 온전히 눈에 들어온다. 나는 그들과의 접촉을 통해서 변화하고, 이는 그들 또한 마찬가지리라. 서로를 만나는 과정에서 결코 '하나'일 수 없음을 확인하게 하였지만, 또 한편으로는

상대방을 통해 스스로가 변화되고 있음을 느낄 수 있었다.[13]

　북조선 출신자의 경험 세계를 이해하기 위해 떠난 여정에서 연구자인 '나'는 그들과 좁혀질 수 없는 간극이 있음을 깨달았다. 하지만 연구자와 연구 참여자 그리고 남한 출신과 북조선 출신이라는 구별적인 위치성을 인정하면서 관계의 변화를 모색하게 된다. 연구자 '나'는 북조선 출신자를 공감한다는 오만을 버리면서 '공정한' 연구자라는 욕망이 참으로 헛된 것임을 깨달은 것이다. 북조선 출신자와의 갈등을 경험하면서 '나'의 한계를 인식하게 되고 이를 통해 권력구조 내에서 관계를 맺는 것이 얼마나 어려운 일인지도 절감하였다.

　이렇듯 나의 북조선 출신자 연구는 단순히 그들의 삶을 분석하고 해석하는 것에서 멈춰서는 안 된다. 연구자인 내가 그들을 만나면서 마주하는 심적 요동을 성찰적으로 분석하는 것으로 확장되어야 한다. 질적 연구의 과정이란 연구자에서 연구 참여자로의 일방향이 아니라 두 주체가 상호 관계를 맺어가는 것이기에 더더욱 그러하다. 남북 출신자가 연구를 통해 접촉하고 교류한다는 것은 분단체제 내에서 서로 다른 위치에 있는 주체들의 만남이 만들어내는 상호 변화 가능성을 가늠하게 한다는 측면에서 의미가 있다.

　나는 북조선 여성들을 만나면서 비로소 한반도에서 여성으로 산다는 것이 무엇인지에 대해서 질문을 던지게 되었다. 남한이라는 시공간에 내재되어 있는 식민과 분단으로부터 내가 결코 자유로울 수 없음을 확인하였다. 그녀들만의 경험은 없었다. 그녀들의 노동, 사랑, 결혼, 출산, 양육 이야기를 들으면서 나의 삶을 반추했다. 때로 나는 자매애와 연대감을 느끼기도 하고, 또 한편으로는 그녀들의 강한 의지에 압도되기도 했다. 나의 기준으로 그녀들의 삶을 재단하면서 안타까워했으며, 반대로 또다른 몇몇 북조선 여성들은 오히려 지나치게 남을 의식하는 나를 안쓰러워하기도 했다. 그녀들의 삶에 가까이 다가가면서 나의 삶의 딜레마가 무엇인지도 발견했다. 이러한 경험이야말로 천광싱이 언급했던 '타자 되기'의 윤리학인데,[14] 바로 하위주체인 그녀들의 입장에 서봄으로써 새로운 삶의 방식과 가능성을 상상하게 되었기 때문이다.

북조선 여성, 자이니찌 여성, 조선족 여성 등 식민과 분단 구조에서 가장 힘겨운 삶을 살고 있을 것이라고 생각했던 그녀들은 나름의 방식으로 각자의 세계를 만들어가고 있다. 그녀들의 위치가 그녀들을 제약하는 것도 사실이지만, 다른 한편으로는 그녀들의 눈물겨운 행위주체성은 전복성과 해방성을 시사하고 있다. 그동안 열등감에 휩싸여 중심만을 지향하며 살아온 내가 그들을 만남으로써 조금씩 변화했다. 가장 낮은 서열에서 자매애와 가족애를 실천하는 그들은 이미 경쟁적인 신자유주의 사회에서 멸종되었다고 여겨지는 여러 가치와 감정을 복원하고 있었다. 나는 그녀들의 고통을 통해 나의 삶을 되돌아봤으며, 그녀들의 기쁨과 행복이 나의 마음을 들뜨게 했다. 신기한 일이다. 그녀들이 내 안으로 불쑥불쑥 들어온다.

나의 '타자 되기'는 분명 완결될 수 없는 '과정'이다. 온전히 '타자'가 되는 것은 불가능한 욕망임을 잘 알고 있다. 그럼에도 그녀들을 만나기 전의 '나'는 그들을 통해서 전혀 다른 '나'로 변했다. 그녀들의 '이야기'들이 나만의 성에 갇혀 있는 '나'를 세계 속의 '나'로 전환시켜주었다. 실로 북조선 여성들을 만난 것은 기적과 같은 일이었다. 이러한 놀라운 경험을 더 많은 이들이 함께했으면 한다. 그래서 낯선 타자와의 만남이야말로 좁디좁은 각자의 세계에서 벗어날 수 있는 유일한 길임을 한명이라도 더 알아차리기를. 이제라도 늦지 않았으니 제발 주변을 찬찬히 돌아보기를.

에필로그

북조선 여성들과 그들이 살아온 이야기를 나누다보면 공통된 특징이 발견된다. 특히 아이를 낳아 기르는 북조선 어머니의 경우에는 하나같이 '밥'에 관련된 이야기를 많이 했다. 자신이 어떻게 자녀들의 끼니를 마련했는지를 음식의 종류부터 요리 방법에 이르기까지 세밀하게 묘사하곤 했다.

"내가 때때마다 이만한 과일이랑 명태랑 다 해서 보내고 했다니까. 내 아들은 조선에 살아도 조선 음식 안 먹고 자랐어요. 내가 여기서(연길에서) 다 최고로 해서 보냈다니까."

"이번 겨울에는 김치를 한 200킬로 보냈다고. 김치라도 있으면 살 만할까 싶어서. 고춧가루도 좋은 걸로 해서 마늘이랑 이런 것 많이 넣고 만들었지. 그래야 오래가기도 하고."

"떠나기는 해야겠는데 아들이 뭘 먹나 싶어서. 그래서 내가 옥수수 국수를 장에서 사서 물을 많이 넣고 푹 끓여서 이만큼 해놓고 나왔어. 그걸 먹으면서 좀 지내라고. 아들이 옥수수 국수를 좋아하기도 했고, 북에서는 국수를 자주 먹는다고."

"난 살림을 정말 잘 꾸려놓고 살았어요. 뭐든 깔끔하게. 내가 장이며 김치며 싹 다 만들어놓고 나왔으니까. 나 없어도 한동안 잘 먹으라고 밥을 다 차려놓고 나왔어요."

목숨을 걸고 고향을 떠난 그녀들이 이주 과정을 회고할 때 자주 등장하는 음식 이야기는 때로는 너무 사소해서 이질적으로 느껴지기도 한다. 우리는 사선을 넘어온 북조선 여성들의 증언에서 김치, 국수, 고추장과 된장, 삶은 감자, 두부밥 이야기를 좀처럼 기대하지 않기 때문이다. 체제, 폭력, 굶주림, 죽음과 생존 등과 같이 북조선을 가리키는 어마어마한 이야기가 등장할 것으로 기대했다면 더더욱 그녀들의 '밥'에 대한 깊은 애착을 흘려들을 가능성이 높다.

하지만 그녀들의 '밥' 이야기를 조금 더 세심하게 들여다보면 그것이 그녀들의 전쟁과도 같은 삶의 다른 표현이라는 것을 알 수 있다. 인간이라면 먹지 않고는 결코 살아갈 수 없으니 '밥'을 마련하기 위한 그녀들의 분투기는 인간이자 어머니로서 자신들의 정체성을 유지하기 위한 눈물겨운 투쟁 기록에 다름 아니다. 그런 만큼 자녀들을 위해 음식을 몸소 마련했다는 이야기는 어려운 상황 속에서도 북조선 여성들이 최선을 다했다는 자부심이 듬뿍 배어 있는 증언이다. 밥 짓는 이야기를 하는 그녀들의 얼굴이

유난히 반짝이며 빛난 이유이다.

고백하자면 나는 그녀들의 증언 이면의 의미를 포착하는 데 상당한 시간이 필요했다. 꽤나 오랜 시간 동안 나는 그녀들의 음식 이야기가 북조선의 식량난이나 경제적 어려움에 기인한 것이라고 단순하게 생각했다. 먹을 것이 없으니 당연히 먹는 이야기가 되풀이될 수밖에 없다고 믿은 것이다. 당연히 참혹한 경제적 상황에 대한 '개인적 서사' 정도로 여겨 충분히 숙고하지도 않았다. 그러던 어느날 연길에서 인터뷰를 위해 만난 정희 할머니가 나에게 반찬을 가져다준 일이 있었다. "밥은 먹으면서 지내는지 걱정돼서 생선을 조려 왔다"는 할머니의 말이 자꾸 귓가를 맴돌았다. 정희 할머니는 나와의 인터뷰에서 돌보는 조선족 노인의 밥을 어떤 음식으로 어떻게 차리는지, 북조선의 자녀들에게 보내는 음식이 무엇인지 자세하게 설명하기도 했다.

도대체 '밥'이라는 것이 무엇이기에 정희 할머니는 '밥'을 이토록 중요하게 여기는 것일까? 단순히 먹을 것이 부족해서라고 해석하기에는 뭔가 석연치 않았다. 인텔리였으며 상당한 자존심을 가진 정희 할머니가 자신이 얼마나 쓸모있는 존재인지를 확인하려는 마음이 '밥'에 투영될 수 있겠다는 데 생각이 미쳤다. 자신이 차려주는 음식 없이는 노인의 건강도 유지되기 어려울 것이며 북조선에 남겨진 자녀들의 삶도 팍팍해질 것이 분명했기 때문이다. 그만큼 정희 할머니라는 존재의 의미와 역할의 중요성을 응축하고 있는 것이 그녀가 준비하는 '밥'인 것이다. 비슷한 맥락에서 그녀가 몇번 만나지 않은 나에게도 반찬을 챙겨준 까닭 중

하나는 자신이 남한 출신 연구자의 호의를 일방적으로 받기만 하는 것이 아니라 누군가에게는 돌봄과 배려를 베푸는 동등한 존재임을 드러내고자 하는 시도일 수도 있다.

이후에도 다른 북조선 여성들과 대화를 이어가면 갈수록 그녀들이 가족들의 끼니에 그토록 집착하는 이유가 단순히 가족의 생존 문제 때문만은 아니라는 것을 어렴풋이 느낄 수 있었다. '밥'은 그녀들의 삶을 규정짓는 중요한 열쇳말 같은 것이었다. 그녀들이 힘겨운 현실을 감내해야만 하는 이유이자 어머니로서의 정체성을 유지하기 위한 몸부림이기도 했다. 설혹 직접 밥을 지어주지는 못할지라도 자녀들의 끼니를 책임지고 있다는 사실에서 북조선 여성들은 삶의 의미를 찾는 것으로 보였다. 가족들의 끼니를 위해서 북조선 여성들은 엄청난 희생을 감내하면서도 동시에 가족들에게 충분한 사랑과 돌봄을 실천하고 있다는 자긍심을 느끼고 있었다. 하긴 나라가 해결하지 못한 가난에서 벗어나려고 북조선 여성들이 나서서 근근이 생계를 꾸려가고 있으니 그것만으로 충분히 자랑스러워할 만한 것임이 분명하다.

돌이켜보면 남북의 여성 모두가 비슷한 경험을 한 것 같다. 지금이야 남한의 경제력이 상당히 발전하여 북조선 여성들이 처한 경제적 여건과 이를 비교할 수는 없겠지만 분단 이래로 남북의 여성들은 가족들의 밥상을 마련하기 위해서 고군분투해왔다. 남북을 막론하고 한반도를 살아가는 여성들에게 '밥'의 의미는 삶이고 가족이었으며 그녀들 자신이었다. 그런 만큼 '밥'을 지어주지 못한 여성은 '못난', '실패한' 어머니이자 여성으로서의 의무를 방기했음을 뜻하기에 남북의 여성들은 그토록 '밥'에 집착해 온 것이다.

흥미로운 것은 내가 만난 북조선 여성들이 끊임없이 자식들 '밥' 걱정을 하면서도 그렇다고 모든 것을 버리고 다시 자녀들 곁으로 돌아가 '밥'을 지어야 한다고 생각하지 않는다는 점이었다. 만약 그녀들이 자녀들의 '밥'을 챙겨주는 것만을 바랐다면 북조선을 떠나오는 엄청난 결단을 실천하기도 어려웠을 것이다. 어떻게든 북조선의 자식 곁에 남는 것을 선택했을 것이다. '밥'을 중요하게 생각하면서도 동시에 그것에만 얽매여 살지 않는 그녀들의 삶의 양면성을 놓쳐서는 안 된다. 더 나은 미래를 위해서, 좀더 안정적인 삶을 위해서 북조선 여성들은 시장으로 나섰고, 국경을 넘었으며, 불법적인 신분을 감내하면서도 악착같이 중국에서의 삶을 버텨내고 있다. 북조선 여성들은 그 누구보다 용감했으며 자신들의 삶에 대한 의지가 있었다. 무엇보다 그녀들은 현실에 안주하지 않았다.

그것만이 아니다. 생존과 가족 부양에만 급급할 것이라고 생각했던 북조선 여성들은 종종 자신들의 꿈에 대해서 얘기하기도 했다. 대부분의 희망은 돈을 더 많이 벌어서 가족들과 행복해지고 싶다는 것이지만, 몇몇은 조금은 더 큰 포부를 밝히기도 한다. 성공한 사업가가 되고 싶다고 말하는 이, 작가가 돼서 책을 출간하고 싶다는 이, 공부를 더 해서 전문직이 되겠다는 이, 기왕에 자본주의 사회에 왔으니 투자를 제대로 해보겠다는 이도 있다. 소소하게는 이제라도 제대로 연애를 해보고 싶다고 수줍게 말하는 이도 있고, 노래와 춤을 배우겠다는 계획이나 해외여행을 하고 싶다는 일상적 바람을 드러내기도 한다. 사실 그녀들은 단 한번도 꿈꾸지 않은 적이 없었을 것이다. 다만 우리가 그녀들이 꿈을 꿀 여유가 없으리라고 단정지은 것뿐이다. 북조선의 경제 상황이 극단으로 치닫는 상황에서도, 국가의 통제와 규율이 강화되던 시기에도 그녀들은 각자 자신들이 원하는 것을 조금씩 이루어가고자 했다. 우리가 그녀들을 바라보는 시선이 너무나 분단적이었던 까닭에 그녀들의 꿈이나 사랑을 충분히 인지하지 못한 것뿐이다.

이제야 비로소 북조선 여성들의 삶과 꿈을 본다. 그녀들의 일상 속 작은 실천과 그것이 만들어내는 균열을 마주한다. 식민, 해방, 전쟁, 분단이라는 역사적 경로에서 발현된 북조선 여성들의 다양한 행위주체성의 의미가 무엇인지 어렴풋이 감각한다. 국가와 이데올로기라는 강건한 구조를 비집고 들어가 자리를 만들어낸 북조선 여성들의 분투기는 결코 사소한 것이 아니다. 아무리 철옹성 같아 보이는 권력과 이데올로기라고 할지라도 그것을 살아내는 사람들의 해방적 실천을 통해서 무력화될 수 있다는 것을 북조선 여성들이라는 존재가 증명하고 있다. 국경이나 체제 경쟁과 같은 견고한 틀을 소위 가장 약하다는 여성, 그것도 자본주의적 기준에서는 가장 가난한 북조선 여성들이 넘나들고 있다는 사실이 무엇을 시사하는지도 되짚어봐야 할 것이다.

지금까지 내가 만난 북조선 여성들은 나에게 엄청난 영감을 주는 존재들이었다. 약해 보이지만 가장 강한 모습으로 내 앞에 나타났다. 나는 그녀들을 통해서 분단을 다시 생각했고, 내 자신을 들여다볼 수 있었다. 새로운 세계를 열어준 북조선 여성들에게 깊은 감사를 드린다. 부족한 글임에도 나에게 용기를 준 창비의 곽주현 선생님과 이하림 선생님께도 감사드린다. 두분과의 작업은 나를 설레게 했고 많은 것을 배우는 과정이었다.

이 책을 준비하면서 많은 어려움이 있었다. 아직은 충분히 무르익지 않은 연구자가 새로운 형식의 글을 써도 되는 것인지 두려웠다. 불안감에 아무것도 하지 못하던 시기에 기꺼이 자신의 집 한칸을 내어준 내 친구 경희에게 감사한다. 경희와 매일 산책을 하며 나눴던 대화가 이 책의 상당 부분을 차지한다. 분주하기만 한 날 견뎌주는 찬석 선배에게도 특별한 마음을 전한다. 마지막으로 이기적인 동생에 치여 고생하는 언니, 나에게 나침반과 같은 존재인 아빠, 그리고 평생 '어머니'라는 이름의 무게가 어떤 것인지를 보여주고 있는 엄마에게 사랑한다고 말하고 싶다.

주

들어가며

1 스베틀라나 알렉시예비치 『전쟁은 여자의 얼굴을 하지 않았다』, 박은정 옮김, 문학동네 2015.

2 박강성주 『슬픈 쌍둥이의 눈물: 김현희-KAL 858기 사건과 국제관계학』, 한울 2015, 90면. 박강성주는 기존의 "소설 쓰기 국제관계학"의 다양한 시도를 그의 연구에서 소개하고 있다. 3장 「정보와 상상력: 소설 쓰기 국제관계학」을 참고하라.

3 디디에 에리봉 『랭스로 되돌아가다』, 이상길 옮김, 문학과지성사 2021; 홍명교 『사라진 나의 중국 친구에게: 베이징에서 마주친 젊은 저항자들』, 빨간소금 2021; Renato Rosaldo, *The Day of Shelly's Death: The Poetry and Ethnography of Grief*, Durham: Duke University Press 2013; Renato Rosaldo, *Ilongot Headhunting, 1883-1974*, CA: Standford University Press 1980.

1부 북조선의 살아남은 여자들

1 곽건홍 「일제하의 빈민: 토막민·화전민」, 『역사비평』 46호, 1999.

2 서동만『북조선사회주의 체제성립사: 1945~1961』, 선인 2005, 59~60면; 백학순「북한의 국가 형성에 있어서 김일성의 자율성의 문제」,『한국정치학회보』28집 2호, 1994.

3 김광운『북한 정치사 연구 1: 건당·건국·건군의 역사』, 선인 2003.

4 김일성「토지개혁사업의 총결과 금후의 과업」, 국사편찬위원회 엮음『남북한관계 사료집 1』, 1994, 49면.

5 북조선의 첫 영화인「내 고향」과「용광로」는 해방 정국에서 여성 교육의 필요성과 인민의 공산주의적 각성을 강조하는 내용이다. 이명자「해방기 남북한 영화에 나타난 근대성과 여성담론 비교연구」,『현대영화연구』7권 1호, 2011; 조흡·이명자「해방 후 민주개혁기의 북한영화: 공동체, 수령, 주체를 지향하는 북한 영화문화의 형성과정을 중심으로」,『영상예술연구』11호, 2007.

6「천리마 시대의 녀성영웅들: 인간 개조의 선구자 길확실」, 조선중앙텔레비죤, 2020년 4월 27일.

7 박명림『한국전쟁의 발발과 기원 2』, 나남 1996, 789면; 김태우『폭격: 미공군의 공중폭격 기록으로 읽는 한국전쟁』, 창비 2013.

8 박영자「6·25전쟁과 북한여성의 노동세계: '파괴와 반생산'의 전쟁에서 '창조와 생산의 주체'였던 여성 연구」,『아시아여성연구』45집 2호, 2006, 70면; 이임하『여성, 전쟁을 넘어 일어서다: 한국전쟁과 젠더』, 서해문집 2004.

9 박영자, 앞의 글 79면에서 재인용.

10 김엘림「6·25전쟁기 여성의 참전과 그들의 전쟁 경험」,『한국여성학』38권 2호, 2022, 121~22면.

11 박영자, 앞의 글 71~72면.

12 와다 하루끼『와다 하루끼의 북한 현대사』, 남기정 옮김, 창비 2014, 104면.

13 김일성「정전협정 체결과 관련하여 전후 인민경제 복구발전을 위한 투쟁과 당의 금후 임무(1953. 8. 5)」,『전후 인민경제 복구발전을 위하여』, 평양: 조선로동당출판사 1956, 5면.

14 최학수『평양시간』, 평양: 문예출판사 1976.

15 박영철「위대한 수령 김일성 동지께서 전후 평양속도를 창조하도록 하신 현명한 령도」,『김일성종합대학학보(력사·법률)』62권 4호, 2016, 7면.

16 같은 글 8면.

17「사설, 당증 교환 사업을 영예롭게 맞이하자」,『로동신문』1956년 6월 29일자.

18 이세영 「1950년대 북한 노동자층의 형성과 의식 변화」, 『한국사연구』 163호, 2013, 419~20면.

19 『로동신문』 1959년 9월 12일자 1면에서는 길확실이 맡은 작업반을 제2직장 제1작업반장으로 서술하였지만 길확실의 수기에서는 제2직장 제4작업반장으로 설명한다. 길확실 『천리마 작업반장의 수기』, 평양: 직업동맹출판사 1961, 1면. 북조선이 역사적 사실에 대해서 후에 첨삭을 하는 일이 잦은 까닭에 본 글에서는 길확실에 대해서 가장 먼저 언급한 『로동신문』의 자료를 기반으로 작업반을 특정하였다.

20 이세영, 앞의 글 423면.

21 리문섭 「가극 '금란의 달' 연출 수기」, 『조선예술』 3호, 1957.

22 배영석 「인민생활을 책임진 립장에서: 천리마평양제사공장 생활필수품 직장에서」, 『로동신문』 1973년 6월 16일자.

23 「전국 천리마작업반운동 선구자 대회에서의 토론(요지)」, 『로동신문』 1960년 8월 19일자.

24 차문석 「레이펑, 길확실: 마오쩌둥·김일성 체제가 만들어낸 영웅들」, 권형진·이종훈 엮음 『대중독재의 영웅 만들기』, 휴머니스트 2005.

25 이수정 「북한 속어 '석끼' 담론을 통해 본 북한 주민의 마음」, 『북한연구학회보』 20권 1호, 2016.

26 북한도시사연구팀 엮음 『함흥과 평성: 공간·일상·정치의 도시사』, 한울 2014, 164면.

27 같은 책 166면.

28 강은주 「북한을 대표하는 평성시장」, 『북한』 529호, 2016, 94~95면.

29 장혜원 「중앙당 간부 부럽지 않은 연유판매소 직원들」, 『매일경제』 2019년 2월 1일자.

30 최봉대 「북한의 자생적 개인사업자 집단의 비공식적 연결망 및 신뢰 구축 기제와 그 특성」, 『현대북한연구』 23권 2호, 2020.

31 화폐개혁에 대한 구체적인 설명은 윤덕룡·오승환 「북한 화폐개혁의 의미와 시사점」, 『KIEP 오늘의 세계경제』 9권 37호, 2009 참고.

32 설송아 「진옥이」, 윤후명 외 『국경을 넘는 그림자』, 예옥 2015; 설송아 「제대군인」, 이경자 외 『금덩이 이야기』, 예옥 2017.

33 이경재 「탈북 작가 소설에 나타난 여성 표상 연구」, 『통일인문학』 76집, 2018.

34 설송아 「진옥이」 242면.

35 설송아 「제대군인」 364면.

36 최의인 「시대에 대한 새로운 감각을 가지고 창조한 조형적 화폭: 예술영화 '한 녀학생의 일기'의 촬영형상을 놓고」, 『예술교육』 2008년 2호, 평양: 2·16예술교육출판사 2008; 채영삼 「시대정신을 구현한 영화음악: 예술영화 '한 녀학생의 일기'와 '평양 날파람'을 보고」, 『예술교육』 2007년 1호, 평양: 2·16예술교육출판사 2007.

37 「새로 나온 예술영화 '한 녀학생의 일기' 시사회 진행」, 『로동신문』 2006년 8월 4일자.

38 「창조와 혁신의 교과서: '한 녀학생의 일기'」, 『로동신문』 2006년 8월 7일자.

39 「투쟁과 생활의 참된 길동무: '한 녀학생의 일기'」, 『로동신문』 2006년 8월 16일자.

40 「올해를 강성대국 건설의 위대한 전환의 해로 빛내이자: 로동신문, 조선인민군, 청년전위 공동사설」, 『로동신문』 1999년 1월 1일자.

2부 경계에서 만난 여자들

1 김홍미 『'조선학교' 출신 재일조선인의 특성과 통일의식: 간사이 지역을 중심으로』, 북한대학원대학교 박사학위논문, 2018, 19면.

2 정진성 「'재일동포'의 호칭의 역사성과 현재성」, 『일본비평』 7호, 2012, 263~64면.

3 정인섭 「조선적 재일동포에 대한 여행증명서 발급의 법적 문제」, 『서울국제법연구』 21권 1호, 2014, 9면.

4 자이니찌를 국가나 민족이라는 틀에서 설명하는 것이 아니라 이들의 유동하는 위치성에 주목하여 디아스포라적 경험 세계를 살펴볼 것을 주장하는 연구들이 상당수 축적되어 있다. 대표적 연구로는 Sonia Ryang, ed., *Koreans in Japan: Critical Voices from the Margins*, London: Routledge 2000; Sonia Ryang, *North Koreans in Japan: Language, Ideology, and Identity*, London: Routledge 1997; John Lie, *Zainichi (Koreans in Japan): Diasporic Nationalism and Postcolonial Identity*, California: University of California Press 2008 등 참고.

5 「일본 조선학교, 10년 사이 보조금 75% 급감」, 『한겨레』 2021년 2월 8일자.

6 몽당연필 홈페이지, www.mongdang.org/kr/bbs/board.php?bo_table=notice&wr_id=173.

7 나카무라 일성 『르포, 교토 조선학교 습격사건: 증오범죄에 저항하며』, 정미영 옮

김, 품 2018.

8 「재일본 탈북자 200여 명의 현실은?」, 자유아시아방송, 2016년 1월 18일, www.rfa.
  org/korean/weekly_program/radio-world/radioworld-01152016094113.html.

9 와다 하루키 『북조선: 유격대국가에서 정규군국가로』, 서동만·남기정 옮김, 돌베개
  2002, 288~89면.

10 북조선에서의 자이니찌의 삶에 대한 연구로는 김석향 『조센징, 쩨포, 탈북민: 탈북
  북송재일동포의 세 토막 인생살이』, 선인 2021; 정은이 「재일조선인 귀국자의 삶을
  통해서 본 북한체제의 재조명: 재일탈북자의 증언을 중심으로」, 『아세아연구』 52권
  3호, 2009; 정은이 「북으로 간 재일조선인 '쩨포'의 삶」, 오제연 외 『한국현대 생활
  문화사 1960년대』, 창비 2016 등 참조.

11 김여경 「조국이란 무엇인가: 귀국 1.5세 재일탈북자의 구술사를 중심으로」, 『구술
  사연구』 8권 1호, 2017, 104면.

3부 분단, 북조선 여자들, 그리고 나

1 Donna Haraway, "Situated Knowledges: The Science Question in Feminism and the
  Privilege of Partial Perspective," *Feminist Studies* Vol. 14, No. 3, 1988.

2 연구자의 위치성에 대한 논의는 정희진 「당사자: 연구자, 피해자, 운동가로서 나」,
  『아주 친밀한 폭력: 여성주의와 가정 폭력』, 교양인 2016 참조.

3 Sandra Harding, ed., *The Feminist Standpoint Theory Reader: Intellectual and Political
  Controversies*, London: Routledge 2003.

4 하수정 「페미니스트 입장이론에 대한 비판적 고찰」, 맑스코뮤날레 조직위원회 엮
  음 『지구화시대 맑스의 현재성 1』, 문화과학사 2003, 542~43면.

5 Nancy Hartsock, *The Feminist Standpoint Revisited*, Colorado: Westview Press 1998.

6 Kuan-hsing Chen, *Asia as Method: Toward Deimperialization*, Durham: Duke
  University Press 2010; Beng Huat Chua, *Structure, Audience and Soft Power in East
  Asian Pop Culture*, Hong Kong: Hong Kong University Press 2012.

7 프란츠 파농 『검은 피부, 하얀 가면』, 노서경 옮김, 문학동네 2014.

8 호미 바바 『문화의 위치: 탈식민주의 문화이론』, 나병철 옮김, 소명출판 2012; 메리
  루이스 프랫 『제국의 시선: 여행기와 문화 횡단』, 김남혁 옮김, 현실문화 2015.

9 Patricia Hill Collins, "Reflections on the Outsider Within," *Journal of Career Development* Vol. 26, No. 1, Fall 1999; Patricia Hill Collins, "Learning from the Outsider Within: The Sociological Significance of Black Feminist Thought," *Social Problems* Vol. 33, No. 6, Oct.-Dec. 1986.

10 제임스 클리퍼드·조지 마커스『문화를 쓴다』, 이기우 옮김, 한국문화사 2000; Diane L. Wolf, ed., *Feminist Dilemmas in Fieldwork*, Colo: Westview 1996.

11 권진아·최설「북한 여성 및 인권 연구를 위한 연구 방법론 고찰」,『아시아여성연구』 61권 1호, 2022, 57면; Jay Song, "North Korea as a Method: A Critical Review," *Journal of Korean Studies* Vol. 26, No. 2, 2021.

12 Sandra Harding, ed., "Introduction: Is There a Feminist Method?" *Feminism and Methodology: Social Science Issues*, Bloomington and Indianapolis: Indiana University Press 1988 참조.

13 김성경「공감의 윤리, 그 (불)가능성」,『북한학연구』 12권 1호, 2016, 135~36면.

14 천꽝싱『제국의 눈』, 백지운 외 옮김, 창비 2003, 153면.

살아남은 여자들은 세계를 만든다
분단의 나라에서 여성으로 산다는 것

초판 1쇄 발행/2023년 1월 30일

지은이/김성경
펴낸이/강일우
책임편집/곽주현 신채용
조판/황숙화
펴낸곳/(주)창비
등록/1986년 8월 5일 제85호
주소/10881 경기도 파주시 회동길 184
전화/031-955-3333
팩시밀리/영업 031-955-3399 편집 031-955-3400
홈페이지/www.changbi.com
전자우편/human@changbi.com